Werner Ullrich

Terrarium

Einrichtung · Tiere · Pflanzen

FALKEN

Vorwort

Es gibt Zeitgenossen, die lehnen grundsätzlich jede Form der Heimtierhaltung ab. Dabei weisen sie – oft zu Recht – auf die vielen Fehler und Missstände hin, die es im Zusammenhang damit gibt. Vor allem die vielerorts nicht artgerechte Haltung und Pflege der Tiere sind Punkte, die zur Kritik Anlass geben. Besonders »unter Beschuss« stehen dabei Vogelhalter, aber auch Besitzer von Kleinsäugern wie Mäusen, Goldhamstern und Meerschweinchen. Gegen die Haltung von Fischen in einem Aquarium hat aber merkwürdigerweise kaum jemand etwas einzuwenden.

Eine ganz besondere Position im Meinungsstreit um das Für und Wider der Heimtierhaltung haben Terrarianer. Viele ihrer Kritiker glauben, dass es sich bei den in Terrarien gehaltenen Tieren immer um Wildfänge, also der Natur entnommene Tiere handelt, und dass diese Tiere auch immer sehr hohe Ansprüche an ihre Umgebung stellen und sehr komplizierte Lebensweisen führen. Eine wirklich artgerechte Haltung erscheint ihnen unmöglich. Dass dies nicht stimmt, zeigen die vielen Haltungs- und Vermehrungserfolge dieser Tiere in Menschenobhut.

Die Kritiker sollten sich eines vor Augen führen: Die Heimtierhaltung – auch die in Terrarien – ist ein ernst zu nehmender Erziehungsfaktor, vor allem in einer Zeit, in der die in Städten lebenden Menschen sich immer mehr der Natur entfremden. Mit der zunehmenden Verstädterung wächst die Sehnsucht nach einem Stückchen Natur und führt dazu, dass Menschen sich Pflanzen und Tiere in ihre Wohnräume holen, um sich an ihrem Anblick und ihrem Gedeihen zu erfreuen. Der damit verbundene Zuwachs an Wissen und Erfahrung schärft auch den Blick, und manche vorher harmlos scheinende Umweltveränderung wird nun mit anderen Augen gesehen. Schließlich haben viele Vivarianer, wie Terrarianer auch genannt werden, durch ihr Hobby biologische Zusammenhänge überzeugender begriffen als in der Schule aus dem Schulbuch und dem oft trockenen Biologieunterricht.

Werner Ullrich

Kapitel 1

Fragen am Anfang

Wie wird man Terrarianer?

Beim Besuch eines Zoos mit Amphibien- und Reptilienabteilung kann man es immer wieder beobachten. Während viele Besucher nur kurz vor einem Terrarium stehen bleiben, gibt es doch immer wieder den ein oder anderen, der vor den schön bepflanzten und mit interessanten Tieren besetzten Behältern länger verweilt. Mancher ist davon so fasziniert, dass er sich fragt: »Könnte ich mir ebenfalls ein Terrarium anschaffen?«

Besonders Voreilige sind derart von der Idee besessen, dass sie losstürmen, um den Wunsch möglichst schnell in die Tat umzusetzen. Oft werden dabei aber so viele Fehler gemacht, dass über das neue Hobby kaum Freude aufkommen kann – und was noch schlimmer ist: Für die überhastet angeschafften Unken, Laubfrösche, Echsen, Schlangen oder Schildkröten beginnt damit oft ein unnötiger Leidensweg.

Der Weg zum ersten eigenen Terrarium sollte daher sorgfältig geplant und durchdacht werden. Denn die Wahl der Terrarienbewohner muss sich nach Ihren individuellen räumlichen, zeitlichen und finanziellen Möglichkeiten richten und nicht umgekehrt.

Wichtiger Hinweis:
Die Unterhaltung eines Terrariums erfordert Verantwortungsbewusstsein und Interesse an den Vorgängen in der Natur.

Woher bekommt man »Terrarientiere«?

Die in Terrarien gepflegten Tiere sind keine Haustiere, die der Mensch im Laufe der Jahre für seine Zwecke gezüchtet hat. Bei den in Schau-Terrarien der Zoos gepflegten Tieren handelt es sich gewöhnlich um Wildfänge, also der Natur entnommene Tiere.

Um in den Besitz solcher Tiere zu kommen, wäre es demnach die beste Methode, sie in ihrer Heimat selbst zu fangen. Gleichzeitig würde man dabei ihren Lebensraum kennenlernen und dadurch auch die Bedingungen, die ihnen im Terrarium zu bieten sind.

Viele Tiere sind in ihren Ursprungsländern jedoch bereits vom Aussterben bedroht, weshalb es heute zahlreiche Gesetze und Verordnungen gibt, die es verbieten, der Natur einfach Tiere zu entnehmen (siehe auch S. 121).

Außerdem ist es in den meisten Ländern nicht gestattet, Tiere auszuführen. Und letztendlich untersagen unsere Zollbestimmungen jede Einfuhr von Pflanzen und Tieren, sofern man keine Ausnahmegenehmigung hat.

Ein realistischer Weg, Tiere für das Terrarium zu bekommen, führt daher zuerst einmal zu einem Zoogeschäft, das in seinem Sortiment Amphibien und Reptilien hat. Dort wird in der Regel auch das notwendige Futter angeboten. Alle Amphibien und die meisten Reptilien verlangen nämlich Lebendfutter, d.h. verschiedene Insekten, Würmer und dergleichen. In einem gut geführten Zoogeschäft können Sie vom Verkaufspersonal den wissenschaftlichen Namen der Tiere er-

Aus Artenschutzgründen sollten Sie versuchen, Nachzuchttiere zu erstehen. Hier eine Ringelschildechse (Zonosaurus haraldmeieri) bei der Eiablage im Terrarium

fahren und ihre möglichst genaue Herkunft (z.B. Rollschwanzleguan, *Leiocephalus carinatus*, Kuba, Küstenbereich) sowie Hinweise über ihre ökologischen Ansprüche und Haltungsbedingungen. Ein weiterer Weg, um Tiere für das Terrarium zu bekommen, führt über Terrarianerverbände und -vereine (Adressen siehe Anhang S. 123). In den Vereinen tauschen die Mitglieder nicht nur Tiere und Pflanzen aus, sondern auch wertvolle Erfahrungen. Einsteigern ins Terraristikhobby hilft man gerne, indem man ihnen Nachzuchten oder Pflanzenableger überlässt. Hier hat auch schon mancher Anfänger günstig ein Terrarium mit allen technischen Geräten erstehen können.

Wichtiger Hinweis:
Als Einsteiger sollten Sie sich bemühen, stets Nachzuchttiere zu erstehen.

Nachzuchttiere sind in der Regel unproblematischer, da sie an das Leben in Gefangenschaft bereits angepasst sind. Zudem sind sie viel weniger krankheitsauslösenden Stressfaktoren (z.B. Eingefangen werden, Futterumstellung, lange Transporte in engen Behältern) ausgesetzt. Wildfänge erreichen oft bereits in einem sehr schlechten gesundheitlichen Zustand die Zoohandlung. In der Regel werden Einheimische für wenig Geld dazu animiert, begehrte Tiere ihrer Heimat zu fangen. Ihre Abnehmer und Großhändler halten die Tiere gewöhnlich möglichst platzsparend auf engstem Raum. Eine gegenseitige Infizierung mit allen möglichen Krankheitserregern ist daher oft vorprogrammiert. Wildfänge sind deshalb häufig mit Parasiten und Krankheitserregern belastet.

Welche Terrarientypen gibt es?

Grundsätzlich unterscheidet man **Zimmer-** und **Freilandterrarien,** wobei der jeweilige Name bereits den Standort des Terrarientyps definiert. Ein Freilandterrarium, besser als Freilandanlage bezeichnet, ist gewöhnlich eine dauerhafte Einrichtung. Darin pflegt man vorwiegend Tiere der gemäßigten Breiten, die in der umfriedeten Anlage ein fast natürliches, selbstständiges Leben führen. Auch aus wärmeren Regionen der Erde können manche Arten die Sommermonate in einem Freilandterrarium verbringen. Häufig zeigen die Tiere dort plötzlich mehr Aktivitäten oder geraten sogar in Fortpflanzungsstimmung. Zuvor lustlos fressende Exemplare entwickeln im Freien plötzlich

Tipp:
In den Rundbriefen der Deutschen Gesellschaft für Herpetologie und Terrarienkunde e.V. (DGHT, Adressen siehe Anhang), bieten Terrarianer nicht nur ihre Nachzuchten an, sondern auch einzelne Exemplare bestimmter Arten bis zu kompletten Zuchtgruppen.

Vor der Anschaffung eines Tieres ist auch dessen Größe zu berücksichtigen. Jungtiere der Schnappschildkröte (Chelydra serpentina) sind auch für Anfänger noch unproblematisch, da sie relativ anspruchslos sind.

einen besseren Appetit. Besonders vorteilhaft sind die natürlichen Lichtverhältnisse, denn das Sonnenlicht erreicht die Tiere direkt. Es muss nicht erst wie bei einem Zimmerterrarium die Glasscheiben durchdringen, die wertvolle Strahlungsanteile verschlucken. Außerdem erleben die Tiere in einer Freilandanlage einen natürlichen Sonnenauf- und Sonnenuntergang sowie unterschiedliche Witterungseinflüsse. Schließlich haben die Bewohner von Freilandterrarien auch die Möglichkeit, sich ab und an selbst auf Nahrungssuche zu begeben. Pflanzenfresser weiden von den darin wachsenden Wildkräutern, und Frösche, Echsen und andere Fleischfresser fangen vorhandene Würmer und Insekten.

Der Vollständigkeit halber soll hier auch noch das **Freiluftterrarium** genannt werden, das eine Zwischenform von Zimmer- und Freilandterrarium darstellt. Der eigentliche Zweck eines Freiluftterrariums besteht darin, den Tieren mehr Frischluft und ungefiltertes Sonnenlicht zukommen zu lassen als in einem Zimmerterrarium. Als Standort für ein Freiluftterrarium eignet sich ein nach Süden ausgerichteter Balkon oder die Südseite eines Hauses. Es kann aber auch völlig frei in einem Garten stehen.

Als Halbwüchsige können Schnapp-schildkröten aber bereits gefährlich zubeißen, und ausgewachsen sind sie bis zu 50 cm lang.

Im Wesentlichen stimmt dieser Terrarientyp im Aufbau mit dem eines Zimmerterrariums überein. Die Gazeflächen zur Belüftung müssen allerdings wesentlich größer sein als bei einem Zimmerterrarium, damit es bei direkter Sonneneinstrahlung nicht zu einer Überhitzung kommt. Bei direkter Sonneneinstrahlung sind für die Tiere im Terrarium auch unbedingt Schattenplätze einzurichten. Außerdem sind zugige Standorte tabu. Da Freiluftterrarien in hohem Maße den herrschenden Klimaverhältnissen ausgesetzt sind, kann man darin nur Tiere halten, die die Witterungsbedingungen unserer Breiten einschließlich der Tages- und Nachtschwankungen gut tolerieren. Freiluftterrarien werden oft nur zeitweise mit Tieren besetzt.

Für welchen Terrarientyp Sie sich letztlich entscheiden, hängt in erster Linie davon ab, welche Tiere Sie pflegen wollen und welche klimatischen Ansprüche diese haben.

Der Klimafaktor

Unter Klima versteht man den Witterungsverlauf eines Gebietes. Dazu gehören die Faktoren Licht, Temperatur, Luftbewegung (Wind) und Feuchtigkeit (Niederschlag).

Es gibt Tiere und Pflanzen, die sehr lichthungrig sind, und andere, die

nur an kühlen, schattigen Stellen gedeihen können. Wie der Mensch haben auch Tiere und Pflanzen stets das Bedürfnis nach frischer Luft. Deshalb muss die Belüftung eines Terrariums sehr ernst genommen werden. Sie entscheidet in einem hohen Maße darüber, ob die Tiere und Pflanzen sich wohl fühlen oder »dahinkümmern«. Doch genauso schädlich wie fehlender Luftaustausch ist ständige Zugluft. Schließlich ist das Feuchtigkeitsbedürfnis der verschiedenen Arten sehr unterschiedlich. Tiere, die aus Wüsten- oder Steppengegenden kommen, verlangen es relativ trocken, Bewohner von Sümpfen oder Regenwäldern brauchen eine sehr feuchte Umgebung. Wieder andere leben fast ausschließlich im Wasser.

Wichtiger Hinweis:
Oft ist zur Gesunderhaltung der Terrarienbewohner – und um sie in Fortpflanzungsstimmung zu bringen – eine gewisse Klimadynamik erforderlich.

In ihrem natürlichen Lebensraum erleben viele Tiere einen klimatischen Jahresrhythmus. Sie dürfen daher auch in einem Terrarium nicht ganzjährig den gleichen Umwelteinflüssen ausgesetzt sein.

Eine Halbwüste mit Felsformationen im Hintergrund – Lebensraum zahlreicher Reptilienarten

Von einigen Tieren der gemäßigten Breiten ist allgemein bekannt, dass sie in der kalten Jahreszeit eine Winterruhe einlegen. Bei Amphibien und Reptilien als wechselwarme Tiere spricht man dabei von der Winterstarre. In Regionen, in denen es im Sommer sehr heiß werden kann, legen viele Tiere eine Sommerruhe ein, wobei sie ebenfalls in eine Art Starre verfallen. Diese Ruhephasen kennen Bewohner der Tropen zwar nicht, aber auch in ihrer Umwelt ist das Klima nie gleichbleibend, sondern es gibt auch etwas kühlere und wärmere, feuchtere und trockenere Zeiten.

Für die Arten, die an unsere Klimaverhältnisse angepasst sind, ist eine Freilandhaltung optimal. Die Tiere erleben

- einen natürlichen Tagesablauf mit den unterschiedlichen Lichtverhältnissen,
- einen natürlichen Klimarhythmus im Laufe eines Jahres und innerhalb des Tages,
- unterschiedliche Feuchtigkeitsgrade.

Außerdem gibt es keine Probleme mit dem Luftaustausch – in Terrarien hingegen herrscht oft stickige Luft, oder die Tiere leiden aufgrund falscher Belüftung unter Zugluft. Schließlich bekommen die Tiere im Freien ungefiltertes UV-Licht.

Wie hoch sind der finanzielle und zeitliche Aufwand für ein Terrarium?

Als zukünftiger Terrarianer müssen Sie bedenken, dass ein Terrarium einige Kosten verursacht. Nicht nur die Anschaffung eines Zimmer- oder Freiluftterrariums, auch wenn Sie es selbst bauen, belastet den Geldbeutel. Zu dem eigentlichen Behälter kommen ja auch noch die technischen Geräte und Messinstrumente, die nicht unerheblichen Stromkosten, die Kosten für die Tiere und das Futter. Einen groben Überblick über die finanziellen Aufwendungen, die mit der Anschaffung eines Zimmerterrariums – dem bei Terrarianern am weitesten verbreiteten Terrarientyp – und dessen technischer Ausstattung auf Sie zukommen, finden Sie in der Übersicht auf Seite 17.

Auch ein Freilandterrarium verursacht erhebliche Kosten, denn es muss nicht nur sorgfältig eingefriedet, sondern auch eingerichtet werden. Das bedeutet, dass beispielsweise für Landschildkröten eine Schutzhütte gebaut oder für Wasserschildkröten ein Teich angelegt werden muss.

Schließlich ist noch der Zeitaufwand zu bedenken, denn ein Terra-

Besonders schön gezeichnete Maurische Landschildkröte (Testudo graeca) aus Tunesien

rium verlangt ständige Pflege. Mit dem Füttern der Tiere und dem Gießen der Pflanzen ist es nicht getan. Welche Wartungs- und Pflegearbeiten für ein Zimmerterrarium regelmäßig anfallen, zeigt Ihnen die Übersicht auf Seite 77. Wer gerne verreist, benötigt für die Fehlzeiten eine sachkundige Vertretung. Denn nur in sehr wenigen Fällen kann man das Terrarium einige Tage sich selbst überlassen. Bereits ein zeitweiser Stromausfall kann die Steuerung der Heizung und Beleuchtung verändern und dadurch das Leben der Tiere und Pflanzen durcheinander bringen oder sogar gefährden. Lediglich in einem Freilandterrarium, das in der Regel völlig ohne technische Geräte auskommt, kann man die Tiere einige Tage sich selbst überlassen.

Anschaffungskosten für ein Zimmerterrarium

Terrarium (100 x 50 x 50 cm [L, T, H])		ca. 300,– DM
oder Terrarium (100 x 50 x 100 cm [L, T, H])		ca. 500,– DM
Beleuchtung		
Beleuchtungskasten mit 2 Leuchtstoffröhren, schwarzer Kunststoff		ca. 250,– DM
oder mit 2 Leuchtstoffröhren, Alu, bronzefarben		ca. 245,– DM
2 Verteilerstecker 3-fach		ca. 6,– bis 8,– DM
Heizung/Wärmequellen		
Wärmestrahler		
Spot- oder Konzentra-Strahler komplett		ca. 20,– bis 25,– DM
oder HQL- oder HQI-Strahler komplett (80/120 Watt)		ca. 150,– DM
Bodenheizung		
Heizkabel	4,30 m / 25 Watt	ca. 40,– DM
oder Heizkabel	3,30 m / 15 Watt	ca. 35,– DM
oder Heizfolie	35 x 25 cm	ca. 60,– DM
oder Heizfolie	70 x 30 cm	ca. 90,– DM
oder Heizfolie	65 x 45 cm	ca. 120,– DM
Messinstrumente		
2 Thermometer		à 3,50 bis 5,– DM
1 Hygrometer		12,– bis 25,– DM
Sonstiges		
1 Zeitschaltuhr		15,– bis 28,– DM
evtl. 1 Innenfilter für Wasserteil		26,– bis 45,– DM
oder 1 Außenfilter für Wasserteil (240 bis 300 l/h)		80,– DM

Kapitel 2

Das Freilandterrarium

Wahl des Standortes

Grundsätzlich sollten Sie für die Anlage eines Freilandterrariums im Garten einen Standort wählen, der täglich möglichst lange dem Sonnenlicht ausgesetzt ist. Bedenken Sie dabei, dass es viel einfacher ist, durch Büsche oder andere Hilfsmittel Schattenplätze zu schaffen, als mangelnde Sonneneinstrahlung durch Kunstlicht zu ersetzen.

Der ideale Standort ist ein leicht abfallender Südhang ohne schattenbildende Hindernisse. Denn er wird im Hochsommer bei entsprechendem Wetter nahezu 10 Stunden von der Sonne beschienen.

Neben einer möglichst sonnigen Lage sollte der zukünftige Standort für das Freilandterrarium natürlich auch ruhig und frei von sonstigen störenden Umwelteinflüssen sein. Autoabgase, ständiger Lärm oder Erschütterungen des Untergrundes, beispielweise durch eine stark befahrene Straße in unmittelbarer Nähe, stören das Wohlbefinden der Terrarienbewohner. Aber auch wenn Sie in einer niederschlagsreichen Region wohnen, ist die Anlage eines Freilandterrariums nicht uneingeschränkt empfehlenswert. Es sei denn, Sie möchten bestimmte Amphibien pflegen, die mit dem sehr feuchten Klima gut zurechtkommen.

Der Bau

Es gibt für die Größe eines Freilandterrariums keine verbindlichen Richtwerte. Die Grundfläche richtet sich nach den Tieren, die man darin pflegen möchte. Natürlich brauchen beispielsweise Europäische Landschildkröten *(Testudo hermanni, T. graeca)*, die bis zu 30 cm groß werden können, brauchen natürlich erheblich mehr Platz als die nur 45 mm großen Chinesischen Rotbauchunken *(Bombina orientalis)*. Grundsätzlich hat sich gezeigt, dass Freilandterrarien unter 3 – 4 qm wenig sinnvoll sind. Gewöhnlich haben sie Flächen zwischen 8 und 40 qm. Wenn Ihnen so viel Platz nicht zur Verfügung steht, sollten Sie sich für solche Pfleglinge entscheiden, die sich auch in einem Zimmer- oder Freiluftterrarium halten lassen.

Tipp:

Senkt man die Grundfläche im Freilandterrarium um 50 cm, so dass der Betrachter von oben hineinschaut, dann ragt die Umfriedung – von aussen betrachtet – nur noch etwa 50 cm aus dem Boden.

Die Umfriedung

Um die Terrarienbewohner am Entweichen zu hindern und gleichzeitig mögliche Eindringlinge abzuhalten, muss das Freilandterrarium gewissenhaft umfriedet werden. Grundsätzlich sollte die Umfriedung 50–100 cm hoch sein und etwa 40 cm tief in den Boden reichen. Dadurch kann sie von den Pfleglingen nicht unterwühlt werden und hält auch unerwünschte Eindringlinge wie Maulwürfe, Schermäuse, Spitzmäuse und Wühlmäuse ab. Planen Sie, besonders stark grabende Tiere zu pflegen und ist die Grundfläche nicht zu groß, legen Sie am besten die gesamte Fläche bis zur besagten Tiefe von 40 cm frei, und bringen Sie auf die Freifläche ein engmaschiges Drahtgeflecht auf, bevor Sie dann den eigentlichen Bodengrund auftragen.

Die Umfriedung kann aus sehr unterschiedlichen Materialien bestehen. Imprägnierte Holzbretter eignen sich ebenso wie angespitzte imprägnierte Rund- oder Vierkanthölzer, die man dicht an dicht in den Boden rammt. Da aber selbst imprägnierte Hölzer mit der Zeit morsch werden, bieten sich vor allem für langfristig eingeplante Freilandterrarien dauerhaftere Materialien wie Betonbohlen oder -pfosten an. Es ist auch möglich, eine komplette Betonmauer zu gießen. Sie hat allerdings den Nachteil, dass man sie später nur mit sehr

Kleines Freilandterrarium für Landschildkröten

großem Arbeitsaufwand wieder beseitigen kann. Betonbohlen und -pfosten lassen sich dagegen relativ leicht wieder ausgraben und entsorgen. Ebenfalls sehr witterungsbeständig ist eine gemauerte Umfriedung. Vor allem bei kleineren Freilandterrarien kann eine 50 bis 100 cm hohe Mauer allerdings störend wirken.

Ein Maschendrahtzaun als Umfriedungsmaterial wird von den Terrarienbewohnern als Grenze nicht akzeptiert. Die Tiere versuchen immer wieder, ihn kletternd zu überwinden. Vor allem Echsen und Schlangen, aber auch Wasserschildkröten sind wahre Kletterkünstler. Aus diesem Grund sollten Sie die Umfriedung Ihres Freilandterrariums – unabhängig von dem verwendeten Material – auch unbedingt oben mit einer nach innen ragenden Abschlussleiste versehen (siehe Abb. S. 22 und S. 23).

Wichtiger Hinweis:

Die Tiere sollten keine Möglichkeit haben, durch die Umfriedung hindurch zu schauen, andernfalls versuchen sie nämlich stets ihr Terrain zu verlassen.

Wenn in Ihrer näheren Umgebung viele Katzen leben, Marder umherstreichen oder Sie auch des öfteren Greifvögel beobachten können, so sollten Sie das Freilandterrarium sicherheitshalber auch nach oben absichern. Hierzu reichen gewöhnlich grobmaschige Kunststoffnetze, mit denen man sonst Johannisbeerbüsche, Weinreben oder andere früchtetragende Pflanzen überspannt.

Der Bodengrund

Oft kann man direkt den gewachsenen Boden als Bodengrund verwenden. Vor allem bei der Pflege von Landschildkröten ist es sinnvoll, wenn bereits zahlreiche Wildkräuter darauf wachsen.

Wurde der Bodengrund ausgehoben, um dort ein Gitter einzulegen, so können Sie anschließend den Aushub wieder aufbringen oder nach Bedarf auch Sand oder Lehm und die Fläche nach eigenen Wünschen gestalten. Vor allem bei stark grabenden Arten bietet es sich an, zumindest stellenweise Lehm als Bodengrund zu verwenden, da Lehmhöhlen nicht so schnell einstürzen wie Höhlen im lockeren Sandboden. Mit Lehm lassen sich auch künstliche Höhlen gut verkleiden, die man zuvor mit Kellersteinen, Tonröhren (aus dem Baustoffhandel) oder Holzbrettern angelegt hat. Damit schwere Böden in einem Freilandterrarium nach Niederschlägen möglichst schnell wieder

Tipp:
Möchten Sie Reptilien aus wärmeren Breiten pflegen, so ist es sinnvoll, zumindest einen Teil der Anlage mit Glas abzudecken, um den Tieren auch eine stets trockene Fläche bieten zu können.

trocknen, empfiehlt es sich, am Fuß von Hügeln oder an tiefer liegenden Stellen einige Mulden anzulegen. Diese sollten Sie anschließend mit Kies füllen, sie dienen als Drainagen und lassen das Wasser schneller im Erdreich versickern.

Versteckmöglichkeiten

Für Kröten, kleinere Echsen und Schlangen bieten sich als Unterschlupfmöglichkeiten Tonröhren an, die man in einen Hügel einbaut. Sie sollten eine leichte Neigung nach außen haben, damit Regenwasser nicht in den Hügel hineinläuft (siehe Abb. unten).

Auch größere, übereinander gestapelte Steinplatten aus einem Steinbruch eignen sich für Schlangen und kleinere Echsen als Versteckmöglichkeiten. Beim Stapeln müssen Sie allerdings darauf achten, dass zwischen den Steinen genügend große Fugen und Hohlräume bleiben, das »Bauwerk« aber dennoch nicht zusammenrutschen und damit seine »Bewohner« begraben kann. Auch sollten Sie die Fugen unbedingt nach Süden ausrichten.

Größere Wurzelstücke können ebenfalls als weitere Unterschlupfmöglichkeiten dienen. Sie können sie entweder etwas eingraben, um dem Ganzen ein natürliches Aussehen zu verleihen oder zu mehreren gruppieren. Auf den Wurzeln nehmen Eidechsen gerne ihr Sonnenbad und flüchten bei Störung zwischen die Wurzelzwischenräume.

Für Landschildkröten ist es zweckmäßig, eine stabile Schutzhütte zu bauen, in die sie von mindestens zwei Seiten hineinkriechen können. Dort, wo Sie die Hütte platzieren wollen, heben Sie zuvor eine Mulde aus und füllen Sie mit einem Gemisch aus Buchenlaub und Erde wieder auf. In dieses Gemisch graben sich die Schildkröten gerne ein

Die leicht schräg eingegrabenen Rohre bieten Echsen, Schlangen und Kröten gute Verstecke. Das hintere Ende dieser Gänge sollte man mit etwas Laub oder Torfmoos auffüllen. Steinplatten über dem Eingang der Röhren dienen als Wetterschutz

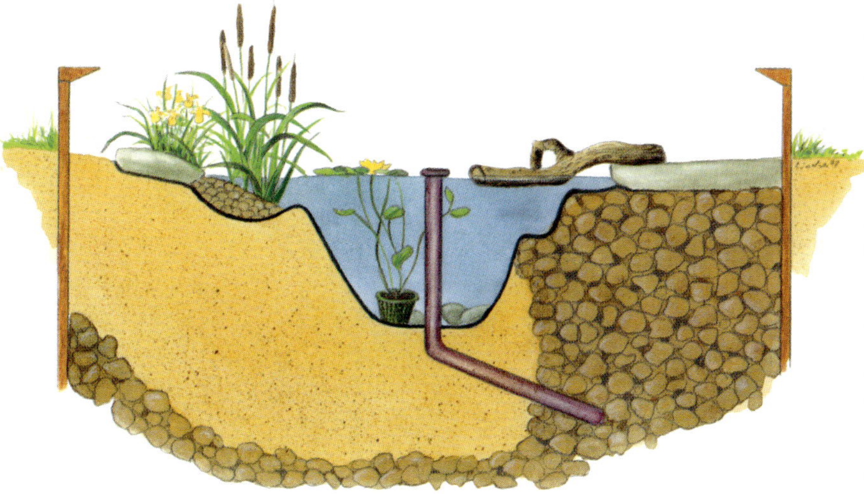

Aufwendiges Freilandterrarium für Wasserschildkröten: Auf den Steinplatten am Ufer können sich die Tiere sonnen. Der Teich ist mit einem Überlaufrohr ausgestattet, das mit einem Gitterschutz versehen ist. Eine Kiesschicht unterhalb der Teichfolie dient als Drainage

und verbringen dort die Nacht und kühle oder regenreiche Tage. Im Hochsommer ziehen sie sich auch ins schattige Innere der Hütte zurück, um sich vor einer Überhitzung zu schützen.

Anlage eines Teiches

Wann ist er sinnvoll?

Möchten Sie sehr an das Wasser gebundene Tiere in einem Freilandterrarium pflegen, muss darin ein Teich angelegt werden. Vor der Realisierung dieses Vorhabens sollten Sie aber folgende Punkte bedenken:

- Je größer und tiefer der Teich ist, und je weniger Tiere sich darin aufhalten, um so weniger Probleme treten mit der Reinhaltung des Wassers auf. Die biologische Selbstreinigung kann dann nämlich optimal funktionieren.
- Je tiefer ein Teich ist, um so schlechter erwärmt sich das Wasser, selbst wenn der Teich großzügig der Sonneneinstrahlung ausgesetzt ist. In sehr kleinen, flachen Teichen wiederum erwärmt sich das Wasser bei voller Sonneneinstrahlung oft zu stark.

Sie müssen sich vor der Realisierung also auch hier wieder überlegen, welche Tiere sie pflegen wollen und damit wie groß ihr Freilandterrarium werden soll.
Für Wasserschildkröten kann der Teich nicht groß genug sein, da ihr Schwimmbedürfnis enorm ist und in der Regel auch eine größere Gruppe von Tieren gehalten wird.

Tipp:

Um eine zu starke Erwärmung des Wassers zu vermeiden, können Sie einen Schatten spendenden Busch vor die Wasserfläche pflanzen.

Außerdem würden Kot- und Futterreste einen zu kleinen Teich belasten. Als Richtwert kann man für eine Gruppe von 5–6 Wasserschildkröten einen Teich von 4 bis 5 qm und eine Wassertiefe von ca. 50 cm veranschlagen. Ist der Teich kleiner, muss das verbrauchte Wasser hin und wieder abgelassen und abgepumpt werden.

Wichtiger Hinweis:

Obwohl es bei einigen Arten möglich ist, sollte man Wasserschildkröten nicht in einem Freilandteich überwintern, da sie, wenn die Teichoberfläche über eine längere Periode komplett zufriert, unter der Eisdecke ersticken können. Bei Teichen mit weniger als 80 cm Wassertiefe besteht außerdem die Gefahr, dass sie bis zum Grund zufrieren. Sie sollten die Tiere besser im Herbst ins Haus holen, um sie in einer Überwinterungskiste (siehe S. 104) im kalten Keller oder warm in einem Zimmerterrarium zu überwintern.

Für kleinbleibende Amphibien wie Molche, Salamander, Unken oder Frösche reicht eine Wasserfläche von 1–3 qm. Sie kann nahezu die ganze Freilandanlage einnehmen, wenn die jeweiligen Arten eng an das Wasser gebunden leben.

Planung und Bau

Vor der Anlage des Teiches sollten Sie den vorgesehenen Umriss abstecken oder mit Sägemehl markieren. Anschließend heben Sie stufenweise die Teichmulde aus. Dabei stellen Sie schnell fest, wie der Untergrund beschaffen ist. Im günstigsten Fall handelt es sich um einen dichten Lehm- oder Tonboden, der das später einzulassende Wasser von alleine hält. In den meisten Fällen ist dies aber nicht der Fall, dann sollte man den zukünftigen Teich mit einer Teichfolie abdichten. Es gibt sie inzwischen in vielen Größen und in verschiedenen Stärken. Sie ist die einfachste und kostengünstigste Lösung.
Reichen die erhältlichen Folienabmessungen nicht für die vorgesehene Teichfläche, können Sie die Folienteile auch mit speziellen Klebern recht einfach »zusammenschweißen«.

Wichtiger Hinweis:

Die Folie ist unbedingt deutlich größer zu bemessen als die Muldenoberfläche, da man oft noch am Uferrand korrigierend eingreifen muss. Wenn Sie sich über die notwendige Foliengröße nicht ganz sicher sind, messen Sie die Fläche am besten erst nach dem Ausheben der Mulde aus.

Sumpf-, Flachwasser- und Tiefenzone sollten muldenförmig angelegt werden, damit der Kies nicht abrutschen kann

Das Teichprofil muss vor allem bei größeren Teichen unbedingt stufenförmig sein, um eine deutliche Sumpf-, Flachwasser- und Tiefenzone zu schaffen. Lediglich bei kleineren Teichen mit weniger als 8–9 qm genügt eine Unterteilung in Sumpf- und Flachwasserzone. Die jeweiligen Zonen sind unbedingt muldenförmig anzulegen, damit die später eingebrachten Pflanzen, Steine und Wurzeln nicht immer an die tiefste Stelle des Teiches abrutschen. Außerdem verdeckt der in den Mulden eingebrachte Kies auch sehr gut die Folie.

Wichtiger Hinweis:
Bevor die Folie ausgelegt wird, muss der Boden völlig frei von »folienfeindlichen« Gegenständen (Steinchen, Wurzel- oder Holzstückchen) sein, damit die Folie nicht beschädigt und damit undicht werden kann.

Nur in ganz wenigen Fällen trifft man auf einen stein- und wurzelfreien Untergrund, auf den man die Teichfolie einfach auflegen kann. Meist müssen einige Hindernisse entfernt werden. Bei sehr störendem Untergrund ist die Teichmulde deutlich tiefer auszuheben. Anschließend legt man zum Schutz der Folie entweder eine Sandschicht, ein Teichvlies, einen alten Teppich oder ein Stück alten Teppichboden aus. Dass der Teichrand überall gleich hoch sein muss, dürfte selbstverständlich sein. Um sicher zu gehen, können Sie eine

Schnur über den Teich spannen und mit einer Wasserwaage die Lage prüfen. Eine Schlauchwaage ist ebenfalls ein gutes Hilfsmittel.

Sind schließlich alle Vorbereitungen getroffen, dann wird die Folie eingelegt. Am günstigsten sind dafür warme Sommertage, da die sonnenerwärmte Folie weicher ist und sich dann besonders gut in der Mulde an den Boden schmiegt. Scheint keine Sonne, legen Sie sie, wenn möglich, einige Zeit in einen sehr warmen Raum.

Haben Sie die Folie mit einem Helfer zufriedenstellend in der Mulde ausgebreitet, dann lassen Sie das Wasser ein. Nun presst sich die Folie durch das steigende Wasser endgültig an die Unterlage. Die dabei entstehenden Falten können noch etwas korrigiert werden.

Erst wenn das Wasser den Teichrand erreicht hat, ist zu erkennen, ob der Umriss tatsächlich Ihren Plänen entspricht. Oft ist an der einen Stelle noch etwas Erde wegzunehmen und an einer anderen Stelle etwas zuzufügen. Der Folienrand muss auf jeden Fall immer deutlich über der Wasseroberfläche bleiben. Bereits am folgenden Tag kann die Sumpfzone mit Kies gefüllt werden; anschließend können Sie dann die Sumpfpflanzen einsetzen.

Einrichtung eines Freilandterrariums

Die Einrichtung der Freilandanlage richtet sich ausschließlich nach den zu pflegenden Tieren. Möchten Sie reine Landbewohner halten, können Sie versuchen, einen Ausschnitt ihres Lebensraumes zu kopieren. Der eigenen Fantasie sind dabei keine Grenzen gesetzt. Allerdings müssen die Bedürfnisse der Tiere natürlich berücksichtigt werden. Europäische Landschildkröten sind in einer Moorlandschaft ebenso fehl am Platz, wie Unken zwischen Sukkulenten. Grundsätzlich sollten Sie bei der Bepflanzung des Freilandterrariums, auch des Teiches, auf heimische Pflanzen zurückgreifen. Diese dürfen Sie jedoch nicht einfach der Natur entnehmen, sondern Sie sollten das reichhaltige Angebot von Garten-Centern oder größeren Gärtnereien ausnutzen.

Vor dem Einsatz der Tiere sollten Sie den Pflanzen ca. 2 – 3 Wochen Zeit geben, um anzuwachsen. In dieser Zeit wird sicherlich auch die eine oder andere Pflanze im Teich aufschwimmen und muss neu verankert werden.

Um ein zu starkes Ausbreiten der Wasser- und Sumpfpflanzen zu verhindern, sollten Sie sie in ihren Pflanztöpfen belassen.

Winter im Freilandterrarium

Etliche Amphibien und Reptilien aus den gemäßigten Breiten kann man in Freilandterrarien ganzjährig halten. Ihnen müssen aber zum Überwintern unbedingt frostfreie Stellen zur Verfügung stehen. In der Regel genügen die bereits erwähnten Tonröhren-Höhlen (siehe Abb. S. 22), in die sich die Tiere ab Herbst zunehmend zurückziehen und bald darauf in die Winterstarre verfallen. Dabei muss sich aber mindestens die halbe Rohrlänge 1m – und damit frostsicher – unter der Erde befinden. Um die Tiere zusätzlich gegen Frost und vor übermäßigen Niederschlägen zu schützen, können Sie das Winterquartier im Spätherbst außerdem mit alten Teppichen, Wolldecken und Ähnlichem abdecken. Auch ein großer Laubhaufen, den man anschließend mit einer Folie abdeckt, bietet einen sehr guten Frostschutz.

Schmuckschildkröten beim Sonnenbad im Freilandterrarium

Kapitel 3

Das Zimmerterrarium

Wahl des Standorts

Mit der Entscheidung für ein Zimmerterrarium muss zuerst einmal die Frage nach seinem Standort gelöst werden. Dabei ist gewöhnlich davon auszugehen, dass Sie ihn nach dem Einrichten des Terrariums so schnell nicht wieder wechseln. Ohne Vorüberlegungen kann es daher später zu Problemen kommen. Folgende Standorte für Ihr Terrarium sollten Sie auf jeden Fall meiden:

- vor schlecht isolierten Außenwänden. Steht ein Terrarium vor einer Wand, dann kann die Luft zwischen ihm und der Wand nicht mehr genügend zirkulieren. Handelt es sich nun um eine schlecht isolierte Außenwand, so entsteht eine Kältebrücke – feuchte Stellen und damit zwangsläufig Schimmelbildung sind die Folgen.
- Räume mit Temperaturen, die sehr viel höher oder niedriger liegen als die im Terrarium angestrebten Temperaturen.
- Räume, in denen sehr viel geraucht wird und die man schlecht belüften kann.
- vor Heizkörpern, da die Luftzirkulation im Raum durch das Terrarium gestört wird.
- vor Fenstern. Im Sommer kann es durch die einfallende Sonne zu einer Überhitzung im Terrarieninnern kommen. Außerdem können sich zwischen Fenster und Terrarium ebenfalls Kältebrücken bilden, die Fensterscheiben sind dann ständig beschlagen.
- Schwenkbereiche von Fenstern, Schrank- oder Zimmertüren. Schlagen die Türen gegen das Terrarium, kann es zu Glasschäden kommen. Zudem wäre das Terrarium an solchen Stellen nur ein störendes Hindernis.

Nicht unerheblich: das Gewicht!

Ein vollständig eingerichtetes Zimmerterrarium erreicht ein nicht zu unterschätzendes Gewicht. Dies kann vor allem in Altbauwohnungen zu Problemen führen, weshalb man bei der Standortwahl auch das Gewicht mit einkalkulieren muss. Bereits ein leeres 100 x 50 x 50 cm großes Aquarium mit einer Schei-

T*ipp:*

In den Terrarianer-Zeitschriften (siehe Anhang) bieten Spezialfirmen regelmäßig Sondergrößen und Sonderanfertigungen an.

benstärke von 10 mm hat ein Eigengewicht von etwa 50 kg. Behälter mit einer Grundfläche zwischen 70 x 40 cm und 100 x 50 cm und einer Höhe zwischen 60 und 100 cm wiegen erfahrungsgemäß etwa 40 – 80 kg. Dazu kommt nun noch das Gewicht des Bodengrundes, der technischen Geräte, der Einrichtungsgegenstände sowie der Pflanzen und Tiere – alles in allem noch einmal 30 – 50 kg. Der gewählte Unterschrank muss also entsprechend stabil sein.

Gewöhnlich kann man in Neubauten damit rechnen, dass die Böden ohne Schwierigkeiten auf einem Quadratmeter ein Gewicht von etwa 200 kg tragen, meist sogar noch etwas mehr. Dabei hängt die Tragfähigkeit natürlich von der Beschaffenheit der Auflagefläche ab. Sollte es sich dabei um einen Holzboden handeln, wie man sie in Altbauten noch häufig vorfindet, ist Vorsicht geboten.

Wichtiger Hinweis:

Stellen Sie den Terrarienunterschrank wenn möglich so auf den Holzboden, dass er auf den Holzbalken steht, und verteilen Sie auf alle Fälle das Gewicht, indem Sie eine Platte unterlegen!

Holz- oder Glasterrarium?

Natürlich gibt es noch andere Materialien, aus denen sich Terrarien bauen lassen. Der Neueinsteiger, der sich ein Terrarium selber bauen möchte, steht aber meist vor der Frage: Holz oder Glas?

Beide Materialien sind leicht zu verarbeiten und nicht sehr kostspielig. Bei einem Glasterrarium ist die Palette der Einrichtungsmöglichkeiten besonders groß, denn es kann z.B. auch als besonders »feuchtes« Sumpfterrarium dienen, während man in einem Holzterrarium nur trockene Landschaftsräume nachempfinden kann. Aber auch in einem Savannen-, Steppen- oder Wüstenterrarium muss die Einrichtung regelmäßig überbraust und besprüht werden, und die untersten Sandschichten müssen immer leicht feucht bleiben. Ein Holzterrarium muss daher in jedem Fall innen mit einem aufwendigen Schutzanstrich versehen werden. Aus den genannten Gründen empfiehlt sich für den Neueinsteiger lediglich ein Terrarium aus Glas. Im folgenden Kapitel finden Sie genaue Anweisungen für den Bau eines Glasterrariums. Im Zoohandel sind Glasterrarien aber inzwischen auch bereits in vielen Größen und Formen erhältlich. Ihre Preise sind aufgrund der zahlreichen in gegenseitigem Wettbewerb stehenden Anbieter annehmbar geworden und mit denen eines Aquariums vergleichbar (siehe auch Tabelle S. 17)

Der Bau

Grundbauplan eines Zimmerterrariums

Wer sich einmal verschiedene Zimmerterrarien genauer anschaut, wird feststellen, dass sie alle nach dem gleichen Grundprinzip erstellt wurden. Es handelt sich stets um einen rundum geschlossenen Behälter, der ein Entweichen der Tiere verhindert, gleichzeitig aber für den Pfleger gut zugänglich ist. Außerdem sind in der Abdeckung und zumindest in einer Seitenscheibe oder in der Frontscheibe Lüftungsfelder vorhanden. Fast immer werden die Terrarien von außen beheizt und beleuchtet. Zur ständigen Überprüfung von Temperatur und Luftfeuchtigkeit sind Thermometer und Hygrometer installiert.

Form und Größe eines Terrariums richten sich jeweils nach den zu pflegenden Tieren:

- Bodenbewohner, wie z. B. Schildkröten oder Kröten benötigen eine größere Grundfläche, können aber auf hohe Seitenwände verzichten.
- Kletternde Tiere, wie Baumschlangen oder -frösche, brauchen möglichst viel freien Raum in der Vertikalen, während die Grundfläche des Terrariums relativ klein sein kann.
- Natürlich gibt es auch mehr oder weniger quadratische Terrarien für Tiere mit weniger extremen Vorlieben.

Wichtiger Hinweis:

Grundsätzlich sollte ein Terrarium eher zu groß als zu klein sein. Andernfalls haben die Pfleglinge zu schnell jeden Winkel erforscht und

Anolis (hier ein Männchen des Dickkopfanolis, *Anolis cybotes*) klettern gerne und brauchen daher hohe Terrarien

Tipp:
Wenn das erste Terrarium den wachsenden Ansprüchen irgendwann nicht mehr genügt, können Sie den alten Behälter immer noch zur Aufzucht von Jungtieren, für Futtertierzuchten oder als Quarantäne-Terrarium einsetzen.

langweilen sich dann. Bei geräumigen Behältern ist der Bewegungsradius der Tiere größer, und die Einrichtung kann vielfältiger sein. Die Bewohner können auf der Suche nach Futter oder einem Artgenossen ausgedehntere Streifzüge unternehmen.

Bau eines Glasterrariums

Ein aus Glas gebautes Terrarium bietet die Möglichkeit, das Leben der Pfleglinge von mehreren Seiten zu beobachten. Die für den Bau notwendigen Scheiben können Sie beim Glaser maßgenau bestellen. Man rechnet bei kleineren Terrarien mit einer Kantenlänge bis 40 cm eine Glasdicke von 4 mm und bei Scheiben mit einer Kantenlänge bis 80 cm eine Stärke von 6 mm. Planen Sie ein Terrarium mit noch größeren Ausmaßen, müssen Sie schon eine Glasstärke von 8 mm einkalkulieren.

Wichtiger Hinweis:
Um Schnittwunden zu vermeiden, sollten Sie die Kanten der Glasscheiben entschärfen (brechen) lassen. Der Glaser erledigt das gegen einen kleinen Aufpreis.

Möchten Sie ein Sumpfterrarium mit großem Wasserteil einrichten, können Sie auch ein Aquarium nehmen und darauf einen Aufsatz bauen (siehe Abb. 33). Eventuell ist eine Seitenscheibe des Aquariums herauszutrennen und durch eine

Schildkröten – hier die Zierschildkröte (Chrysemys picta belli) – benötigen Terrarien mit großer Bodenfläche

schmalere zu ersetzen, damit das Lüftungsfeld eingeplant werden kann. Das Herausnehmen einer Seitenscheibe gelingt relativ problemlos, indem man den Silikonkautschuk um die Scheibe herum mit einem scharfen Messer durchtrennt. Denn inzwischen werden sowohl bei Aquarien als auch bei Terrarien die Glasscheiben mit Silikonkautschuk zusammengeklebt. Lediglich die Lüftungsfelder werden oft mit Kunststoffstreifen kaschiert, und für die Schiebescheiben werden Führungsschienen aus Kunststoff eingeklebt.

Haben Sie kein Aquarium, das Sie als untere Hälfte des Behälters verwenden können oder wollen Sie Ihr Terrarium ohnehin lieber komplett neu zusammenbauen, dann können Sie sich an der Bauanleitung auf Seite 35–37 orientieren. Darin wurden allerdings bewusst Maßangaben für die verschiedenen Einzelteile weggelassen, um Ihnen keine bestimmte Terrariengröße vorzuschreiben. Überlegen Sie daher genau, welche Abmessungen die Glasscheiben und die übrigen Baumaterialien haben müssen, bevor Sie sich an deren Beschaffung machen.

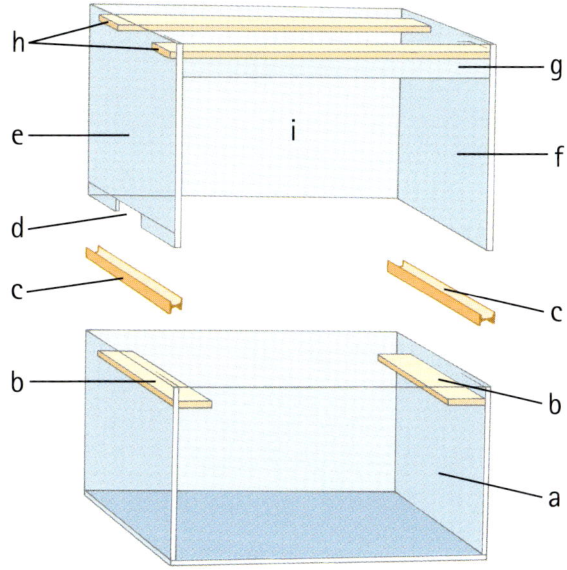

Man kann durch einen zusätzlichen Aufbau ein Aquarium zu einem Terrarium umgestalten:

a: Aquarium
b: Querspangen (können entfernt werden)
c: H-Profile aus Aluminium für den Aufbau
d: Öffnung für das Lüftungsfeld
e: kleinere Seitenscheibe
f: größere Seitenscheibe
g: Frontsteg
h: Längsstege zur Stabilisierung. Dort legt man einen gazebespannten Alurahmen (Lüftungsfeld) hinein oder teilweise eine Abdeckscheibe.
i: Rückscheibe

Tipp:

Um den richtigen, d.h. vor allem gleichmäßigen Druck auf die Silikonkautschuk-Kartusche ausüben zu können, üben Sie am besten erst einmal auf einem Stück Pappe.

Umgang mit Silikonkautschuk

Im Häuserbau wird Silikonkautschuk schon seit Jahren eingesetzt, vor allem im Sanitärbereich beim Abdichten von Wasserbecken aber auch als Füllung für Dehnungsfugen. Silikonkautschuk hat als dauerelastische Dichtungsmasse alle Eigenschaften, die Aquarianer und Terrarianer bei den zuvor verwendeten Klebstoffen vermisst haben. Er geht bei sauberer Verarbeitung mit dem Glas eine derart feste Verbindung ein, dass man die verklebten Glasscheiben nur unter großer Gewaltanwendung wieder auseinanderreißen könnte. Daher halten die Klebestellen auch Belastungen aus, denen ein Terrarium gewöhnlich niemals ausgesetzt ist.

Obwohl es Silikonkautschuk in verschiedenen Farben gibt, eignet sich das transparente Material am besten. Damit fällt es auch nicht so schnell auf, wenn an einer Stelle etwas unvorsichtiger gearbeitet wurde.

Bei der Verarbeitung müssen Silikonkautschuk und das zu verklebende Material eine Temperatur zwischen 5 und 35 °C aufweisen. Außerdem müssen die Klebestellen vor dem Auftragen der Silikonmasse mit einem Entfettungsmittel (z. B. Aceton) fettfrei gemacht werden. Da Silikonkautschuk innerhalb von 24 – 48 Stunden abbindet, sollten Sie das Terrarium an einem Ort zusammenkleben, wo es während der Bau- und Abbindephase möglichst ungestört stehen kann. Außerdem muss dieser Raum gut belüftbar sein, da dem Silikonkautschuk bei der Verarbeitung geringe Mengen an Essigsäure entweichen.

Wichtiger Hinweis:

Vermeiden Sie jeden Hautkontakt mit Silikonkautschuk, und halten Sie Kinder davon fern, da es zu Hautreizungen kommen kann.

Bauanleitung

Handelsübliche Aquarien werden gewöhnlich immer nach dem gleichen Grundprinzip zusammengeklebt: Zunächst wird die Rückscheibe an die Schmalseite der Bodenscheibe geklebt (siehe Abb. S. 36 oben). Anschließend werden die Seitenscheiben mit ihrer Schmalseite an die Rückscheibe und an die Schmalseiten der Bodenscheibe geklebt (siehe Abb. S. 36 Mitte). Beachten Sie: Die Bodenscheibe darf demzufolge links und rechts nicht bündig mit der Rückscheibe abschließen (siehe Abb. S. 36 oben) und muss schmaler als die Seitenscheiben sein (siehe Abb. S. 36 Mitte). Die untere Frontscheibe wird nämlich

vor und **nicht auf** die Bodenscheibe geklebt. Das genannte Klebeprinzip hat sich durchgesetzt, weil die Klebenähte Zugkräften erheblich besser als den Scherkräften gewachsen sind. Obwohl die Belastung von Terrarienwänden deutlich geringer als die von Aquarienwänden ist, sollte man dieses Prinzip auch beim Terrarienbau einhalten.

Um das Glasterrarium möglichst exakt zusammenzukleben, benötigen Sie mindestens einen Helfer und eine glatte Arbeitsplatte, die deutlich größer als die Bodenscheibe sein muß. Auf die Arbeitsplatte legen Sie einen Papierbogen (Blatt einer alten Zeitung), damit das Terrarium später nicht an der Holzplatte festklebt. Nun legen Sie die Bodenscheibe darauf und verfahren wie in den Abbildungen auf Seite 36-37 vorgegeben.

Natürlich können Sie das untere Lüftungsfeld auch an der anderen Seitenscheibe oder unter den Schiebescheiben im Frontbereich einplanen. Die Lüftungsfelder werden ringsum mit einem Streifen Silikonkautschuk versehen, und darauf wird die Gaze geklebt. Die Maschenweite der Gaze sollten Sie so auswählen, dass sie für sämtliche Futtertiere undurchdringlich bleibt.

Um die Scheiben exakt im rechten Winkel zueinander zu kleben, sollten Sie sie wie in der Abbildung unten gezeigt, mit schmalen Leisten und Gehrungszwingen fixieren. Anstelle der Gehrungszwingen verwenden einige Bastler auch stabiles Klebeband und verkleben damit bis nach Aushärtung des Kautschuks die Fugen von außen. Wieder andere verwenden das Klebeband zusätzlich zu den Gehrungszwingen. In jedem Fall führt man nach der Fixierung der Scheiben die Silikonkartusche in Vorwärtsrichtung und drückt den Kleber durch gleichmäßigen Druck auf die Kartusche in die Fugen.

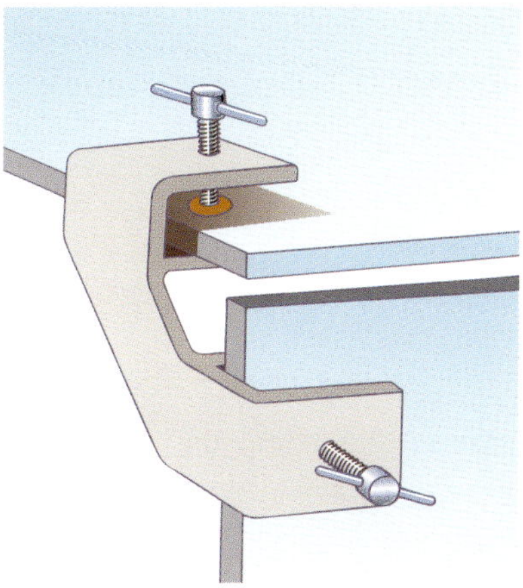

Um die Scheiben auf gleichem Abstand zu halten, kann man sie mit Gehrungszwingen fixieren. Den Spalt füllt man anschließend mit Silikonkautschuk

Bauplan für ein Zimmerterrarium

1 linke Seitenscheibe
2 Rückscheibe
3 Bodenscheibe
4 untere Frontscheibe
5 rechte obere Seitenscheibe
6 rechte untere Seitenscheibe
7 Stabilisierungssteg
8 Schiebetüren
9 Aluminiumstreifen
10 untere Schiebetürenschiene
11 Aluminiumwinkel
12 obere Schiebetürenschiene

G Gaze

Zuerst klebt man Boden- und Rückscheibe mit Silikonkautschuk zusammen

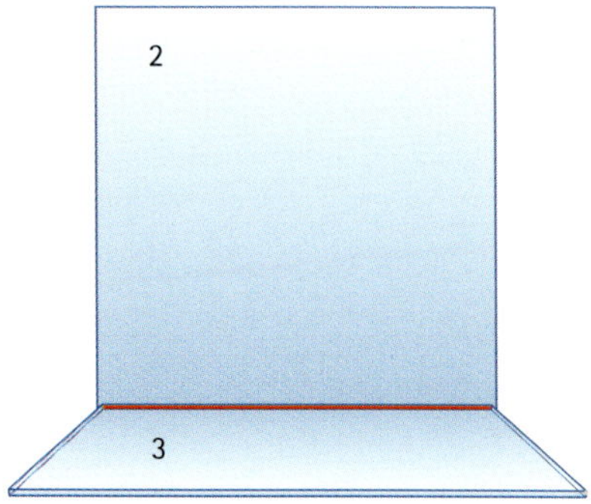

Ein Helfer klebt nun die beiden unterschiedlichen Seitenscheiben hinzu und fixiert sie mit Klebeband und/oder Gehrungszwingen

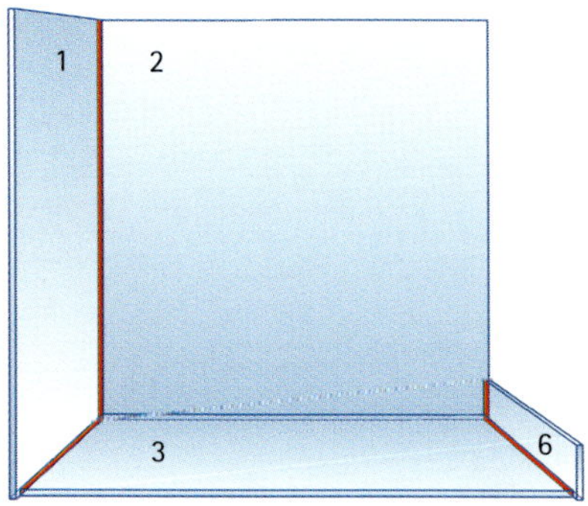

Nach dem Aushärten des Silikonklebers stellt man das Becken auf die Seite mit dem zukünftigen Lüftungsfeld und klebt den Stabilisierungssteg (Glas) und die noch fehlende Seitenscheibe hinzu

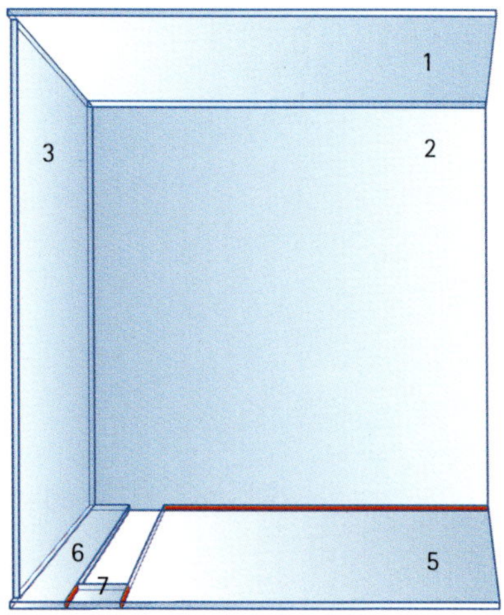

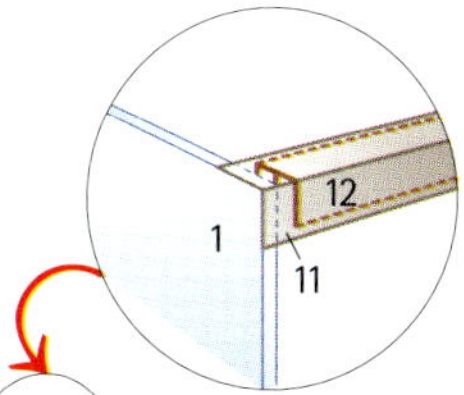

Ein Aluwinkel wird auf die Vorderkanten der beiden Seitenscheiben geklebt und dort hinein anschließend die obere Führungsschiene für die Schiebetüren

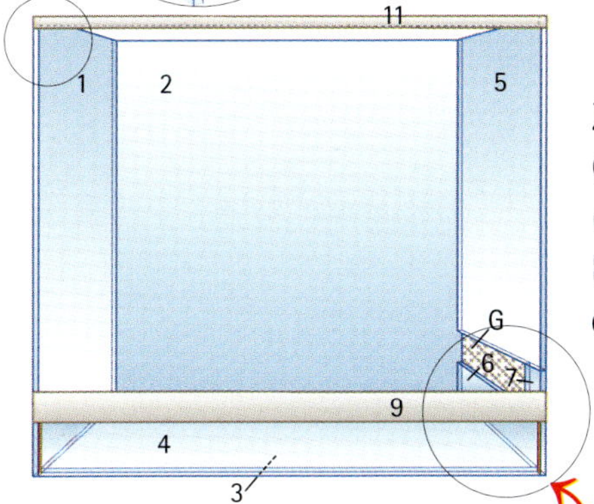

Zimmerterrarium in der Gesamtansicht von vorne: Die untere Frontscheibe wird wie die Rückscheibe an die Schmalseite der Bodenscheibe geklebt

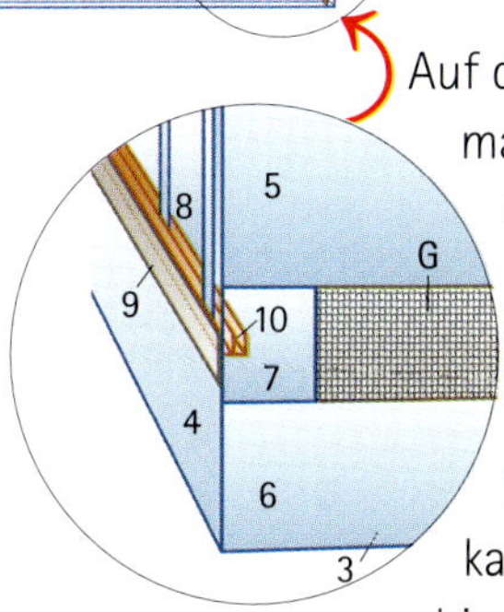

Auf die untere Frontscheibe klebt man ebenfalls mit Silikonkleber eine Führungsschiene für die Frontscheiben und kaschiert sie mit einem Alustreifen, den man ebenfalls mit Silikonkautschuk befestigen kann. Die untere Führungsschiene muss niedriger sein als die obere, da man sonst keine Scheiben einsetzen kann

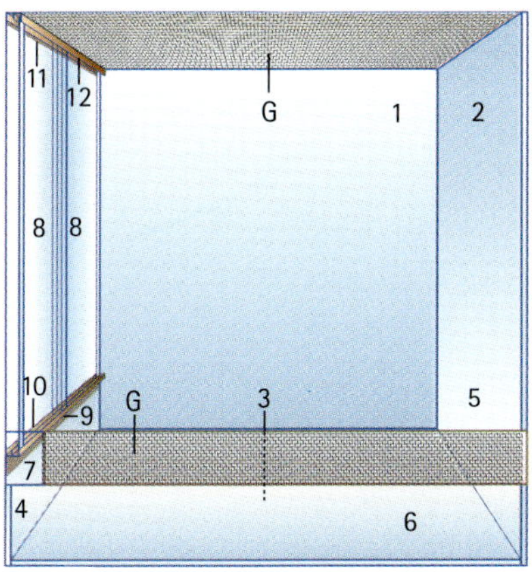

Seitenansicht des Terrariums

Die Technik

Um auch in dem künstlichen Lebensraum Terrarium ein für die Pflanzen und Tiere verträgliches Klima zu schaffen, benötigen Sie einige technische Geräte und Hilfsmittel. Mit ihnen lassen sich die 4 messbaren Klimagrößen Temperatur, Licht, Luftbewegung und Feuchtigkeit (Niederschlag) so ändern, dass die Bedingungen im Terrarium dem Klima im natürlichen Lebensraum der Pflanzen und Tiere recht nahe kommen.

Wichtiger Hinweis:

Die gesamte elektrische Anlage des Terrariums muss mit einem Fehlerstrom-Schutzschalter beginnen. Denn er unterbricht bei dem geringsten Fehler sofort den Stromkreis! Außerdem müssen alle elektrischen Installationen von einem Fachmann ausgeführt werden!

Heizung

Viele Amphibienarten benötigen keine zusätzlichen Wärmestrahler, ihnen genügt die Raumtemperatur. Einige Arten, vor allem bestimmte Baumfrösche, setzen sich aber auch ganz gerne unter einen schwachen Wärmestrahler, um sich aufzuwärmen. Für Reptilien benötigt man oft sogar Wärmestrahler, die eine deutlich höhere Strahlungswärme abgeben. Temperaturen zwischen 30 und 40 °C im Lichtkegel des

Hat man die klimatischen Ansprüche der Pfleglinge ermittelt, empfiehlt es sich, die erforderliche tägliche Beleuchtungs- und Heizdauer in einem solchen Diagramm aufzutragen. Danach programmiert man dann monatlich die Zeitschaltuhr

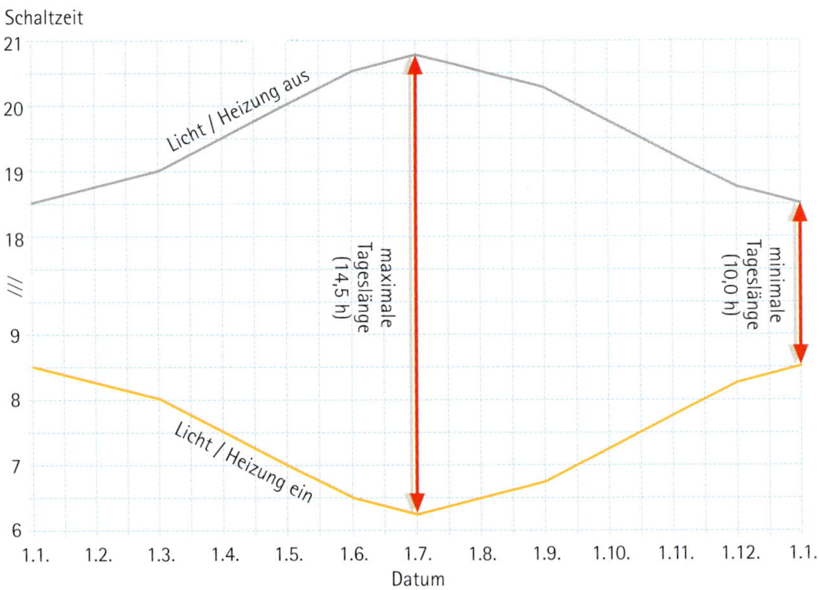

Strahlers sind aber auch für sie in aller Regel ausreichend.

Die meisten Tiere benötigen innerhalb des Terrariums unterschiedlich temperierte Bereiche, zwischen denen sie selbst wählen können.

Zur Überprüfung der im Terrarium herrschenden Temperaturen sollten Sie sowohl im Wasser- als auch auf dem Landteil ein Thermometer anbringen. Dabei gilt es, das Thermometer jeweils an einer Stelle zu positionieren, die mittlere Temperaturwerte aufweist. Ist das Terrarium sehr hoch, bringen Sie am besten im unteren und oberen Bereich je ein Thermometer an.

Nachfolgend verschiedene Heizgeräte mit ihren Eigenschaften und Einsatzmöglichkeiten:

Heizfolien und Heizmatten

Diese Heizgeräte eignen sich besonders gut, um Flächen gleichmäßig zu erwärmen. Damit die Tiere sie nicht ständig freischarren können, legt man Heizfolien und Heizmatten üblicherweise unter das Glasterrarium. Die Heizfläche sollte aber geringer als die Grundfläche sein, damit ein kühler bleibender Bereich gewährleistet wird. Zum einen vertragen Pflanzen keine warmen »Füße« und zum anderen sollten die Tiere sich auch an kühleren Stellen aufhalten können.

Heizkabel

Heizkabel gibt es in unterschiedlichen Längen. Sie haben den Vorteil, dass man sie in Schleifen legen und dadurch unterschiedlich stark erwärmte Stellen schaffen kann. Man kann sie hinter einer Rückwand anbringen, aber auch als Bodenheizung verwenden. Bei der Verlegung ist allerdings darauf zu achten, dass

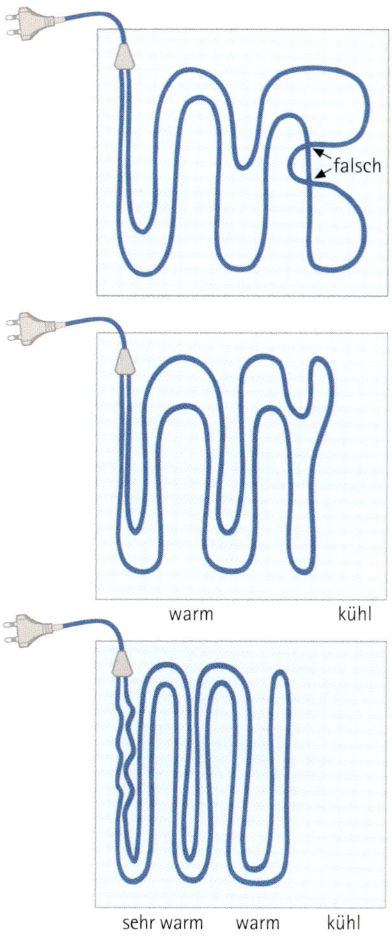

Durch die unterschiedliche Anordnung der Heizkabelschlingen bestimmt man verschiedene Temperaturzonen. Die Heizkabel dürfen sich allerdings nie überkreuzen wie in der Abbildung oben!

die Kabelschnüre sich nicht überkreuzen, da es an solchen Stellen sonst zu warm und die Ummantelung beschädigt werden kann. Heizkabel sind entweder mit Plastik oder Blei ummantelt.

Wenn Sie Arten pflegen, die gar nicht oder nur wenig wühlen, und der Bodengrund recht tief ist, können Sie das Heizkabel zum Erwärmen der Bodenschichten auch innerhalb des Terrariums installieren. Dazu verlegen Sie es vor dem Einrichten des Terrariums auf der Bodenplatte in Schleifen und fixieren deren Lage mit Klebestreifen. Dadurch schaffen Sie einige weniger und einige stärker beheizte Stellen (siehe Abb. S. 39). Auf das Kabel geben Sie am besten eine dünne Sandschicht, darauf zum Schutz des Kabels eine Glasplatte und darüber den Bodengrund. Oder aber Sie bedecken das Heizkabel mit einer kräftigen Lehm- oder Tonschicht.

Wichtiger Hinweis:

Füttern Sie Grillen oder Heimchen, so sollten Sie das Heizkabel unbedingt außerhalb des Terrariums installieren. Diese Insekten können sich nämlich bis zum Kabel vorarbeiten und an der Ummantelung nagen. Dabei beschädigen sie oft das Heizkabel, so dass es nicht mehr zu gebrauchen ist. Vor allem Kunststoffummantelungen haben es diesen Tieren offenbar angetan.

Spot- oder Konzentralampen

Obwohl man auch mit anderen Lampen Strahlungswärme erzeugen kann, sind Spot- und Konzentralampen jeder anderen Lampe als Wärmequelle vorzuziehen.

Bei Spot- und Konzentralampen handelt es sich um Glühlampen mit versilbertem Grund. Im Gegensatz zu den vorgenannten Flächenheizern lässt sich mit diesen Lampen ein bestimmter Terrarienbereich von oben erwärmen und dabei eine allgemeine Erwärmung der Luft erreichen. Gleichzeitig wird optisch der Eindruck erweckt, als würde die bestrahlte Fläche von der Sonne beschienen. Der angestrahlte Bezirk ist sehr begrenzt, und die Temperaturen werden von innen nach außen immer niedriger. Im Strahlungszentrum genügen in der Regel etwa 35 – 40 °C. Nach dem Ausschalten kühlt – wie in der Natur – die Luft allmählich ab. Spot- und Konzentralampen gibt es in verschiedenen Watt-Stärken und man verwendet je nach Größe gewöhnliche E14- oder E27-Fassungen. Bei Bodenbewohnern, z. B. einigen Echsen, vor allem aber Schildkröten, kann man die Strahler frei an einem Kabel über dem Bodengrund hängen lassen und durch den Abstand zum Boden die Temperatur regulieren. Der Strahler darf für die Tiere aber nicht erreichbar sein. Bei kletternden Arten, vor allem bei Amphibien, muss sich die Lampe daher außerhalb des Terrariums befinden und von den Tieren durch ein Gazefeld getrennt sein, da sie sich sonst leicht verbrennen können. Ein Laubfrosch, der an eine ungeschützte Spot- oder Konzentralampe springt, kann erhebliche, wenn nicht sogar tödliche, Verbrennungen davontragen.

Infrarotstrahler

Diese Strahler geben das für uns unsichtbare, im Spektralbereich an Rot anschließende langwellige Infrarotlicht ab (siehe auch Abb. S. 42). Die Strahlen heizen sehr gut und können recht tief in das Körpergewebe eindringen.
Vor allem bei Schildkröten mit ihrem dicken Hornpanzer werden hin und wieder einmal Infrarotstrahler zugeschaltet, ansonsten aber Spot- oder Konzentralampen verwendet.

Aquarienheizstab

Für den Fall, dass Sie ein Sumpf- oder Regenwaldterrarium planen, benötigen Sie zur Erwärmung des Wasserteils einen Aquarienheizstab. Im Zoofachhandel gibt es Aquarien-Glasheizkolben in verschiedenen Wattstärken. Für Terrarianer sind vor allem solche mit regelbarer Heizleistung, also mit steuerbaren Thermostaten, von Bedeutung.

Ein Jungtier der Buchstaben-Schmuckschildkröte (Trachemys scripta scripta)

Wichtiger Hinweis:

Bevor Sie mit dem Heizstab im Wasser herumhantieren, ist zuvor jedesmal unbedingt der Stromkreis zu unterbrechen, indem Sie den Stecker ziehen. Beim Kauf sollten Sie Niedervolt-Heizstäben den Vorzug geben, um Unfällen vorzubeugen. Schließlich darf der Heizstab nur bis zum Wasserstandsanzeiger ins Wasser getaucht werden und sollte im trockenen Zustand nicht betrieben werden!

Tipp: Mit einem Reflektor lässt sich die Lichtwirkung von Leuchtstofflampen noch erhöhen.

Licht und Beleuchtung

Licht ist sowohl in der Pflanzen- als auch Tierwelt ein lebenswichtiger Faktor. Vor allem an Pflanzen lassen sich die Auswirkungen fehlenden Lichtes oder einer falschen Lichtqualität bereits nach kurzer Zeit feststellen. Aber auch von Tieren weiß der Laie, dass es Arten gibt, die am Tage aktiv sind und solche, die in der Nacht ihr heimliches Leben führen. Viele Frösche und Kröten werden erst nach Einbruch der Dämmerung aktiv, ebenso viele Geckos und Schlangen. Man bezeichnet die Tiere nach ihrer Lebensweise als nacht-, dämmerungs- oder tagaktiv.

In der Natur ist die Sonne die natürliche Lichtquelle. Ihr Licht setzt sich aus verschiedenen Farben zusammen, die sich in ihren Wellenlängen voneinander unterscheiden (siehe Abb. unten). Man misst die Wellenlängen der Lichtfarben in Nanometer (1nm entspricht 1Milliardstel-Meter). Strahlen mit einer Wellenlänge unterhalb von 380 nm (UV) und oberhalb von 780 nm (Infrarot) sind für Menschen nicht sichtbar.

Terrarien beleuchtet man zweckmäßigerweise mit Leuchtstofflampen. Dabei sind die beiden Fabrikate Lumilux DE LUXE Daylight (OSRAM) und TLD Lampen (PHILIPS) beson-

Die Wellenlängenbereiche der Sonnenstrahlung

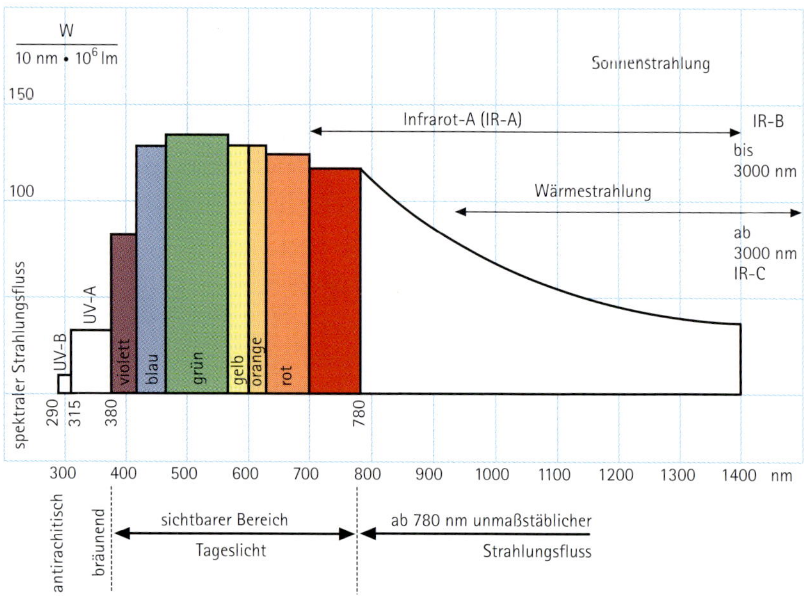

ders empfehlenswert, da sie dem Tageslicht sehr nahe kommen.

Wichtiger Hinweis:
Mit zunehmender Beleuchtungsdauer lässt die Lichtintensität der Lampen nach und ihr Spektrum verschiebt sich. Aus diesem Grund sollten die Lampen jährlich ausgetauscht werden, auch wenn Sie selbst keine Veränderung der Lichtqualität feststellen können.

UV-Licht

Beispielsweise Frösche, Echsen oder Schildkröten geraten plötzlich in Fortpflanzungsstimmung, wenn sie aus einem Zimmerterrarium in eine Freiluft- oder Freilandanlage gesetzt werden und dadurch dem Tageslicht ausgesetzt sind. Ob dabei der UV-Lichtanteil des Sonnenlichts eine Rolle spielt, ist ungewiss. Die Bedeutung von UV-Strahlung für das Wohlbefinden von Amphibien und vor allem Reptilien wird von Terrarianern sehr unterschiedlich beurteilt. Einige sind der Meinung, man könne durch Vitamingaben die Wirkung des UV-Lichtes vollständig ersetzen. Sie begründen dies damit, dass ihre Pfleglinge auch ohne UV-Licht über viele Jahre gesund geblieben seien und auch gesunden Nachwuchs bekommen hätten. Andere schwören auf das zumindest zeitweise Zuschalten eines UV-Strahlers (z. B. OSRAM-Ultra-Vitalux). Denn dem langwelligen UV-A (315 – 400 nm) wird eine Förderung der Reproduktionsvorgänge in der Haut nachgesagt: Die damit bestrahlten Reptilien häuteten sich regelmäßiger und problemloser als unbestrahlte.
Weiterhin weiß man aus der Veterinärmedizin, dass das mittelwellige UV-B (280 – 315 nm) bei der Bildung des Vitamins D3 eine wichtige Rolle spielt. Es steigert die Aufnahme von Kalk aus dem Darm und ist daher für den Skelettaufbau von Bedeutung. UV-B-bestrahlte Reptilien-Jungtiere sollen weniger Skelettdeformationen entwickelt haben als solche in einer unbestrahlten Kontrollgruppe.
Da die Wirkungen des UV-Lichtes auf Reptilien und Amphibien aber noch weitgehend ungeklärt sind, besteht hier noch großer Wissensbedarf. Terrarianer können durch ihre Beobachtungen und Erfahrungen auch in dieser Frage wertvolle Hinweise bieten.

Wichtiger Hinweis:
UV-Lampen dürfen nur für etwa 20 Minuten zu der normalen Beleuchtung hinzugeschaltet werden und müssen von den Tieren mindestens 1 m Abstand haben.

Die Wahl der Beleuchtungskörper

Bei der Auswahl der Beleuchtungskörper sollten Sie auf die technischen Angaben der Lampen-Hersteller achten. Dabei sind vor allem 2 Kenngrößen wichtig:

- die Farbtemperatur. Sie wird in Kelvin (K) angegeben. Licht mit einer Farbtemperatur zwischen 4500 und 6500 K bezeichnet man als »Tageslicht«. Grundsätzlich erscheint Licht mit steigenden Kelvin-Werten weißer und kälter – die Anteile an violetten, blauen und grünen Spektralfarben nehmen zu. Lampen mit niedrigen Kelvin-Werten verbreiten ein wärmeres Licht, haben also einen höheren Orange- und Rotanteil.
- der Ra-Index. Mittels diesem wird die Farbwiedergabe der Lampe beschrieben. Der Index wird in einer Skala von 0 – 100 angegeben, wobei die höchste Zahl die beste Farbwiedergabe bedeutet.

Für Ihre Terrarienbewohner sollten Sie Leuchtkörper mit möglichst hohen Ra-Indices und K-Werten, die denen des Tageslichts nahe kommen, auswählen. Auf den folgenden Seiten werden die wichtigsten Arten von Beleuchtungskörpern vorgestellt.

Wichtiger Hinweis:

Wenn Sie Lampen umbauen – und sei es, dass Sie nur das Vorschaltgerät einer Leuchtstofflampe aus-

Um die Terrarienbewohner (hier ein Baumfrosch-Pärchen der Art Smilisca baudinii) nicht zu gefährden, muss unbedingt der vorgeschriebene Sicherheitsabstand zwischen den Tieren und der Beleuchtung eingehalten werden

bauen, um es unter dem Zimmerterrarium als Wärmequelle zu nutzen – erlischt automatisch die Betriebserlaubnis für die Lampe. Dasselbe gilt, wenn Sie die Metallfassung in einer Lampe gegen eine Porzellanfassung austauschen.

Glühbirnen

Als Beleuchtungskörper spielen Glühbirnen in der Terraristik nur eine untergeordnete Rolle. Sie werden als schwache Licht- und Heizquelle, etwa bei der Zucht von Futtertieren, eingesetzt. Außerdem finden rote oder blaue Glühbirnen bei der Haltung nachtaktiver Tiere Verwendung. Diese Lampen schaltet man ein, sobald die normale Beleuchtung ausgeschaltet ist. Das schwache rote oder blaue Licht wird von den nachtaktiven Amphibien und Reptilien nicht als störend empfunden und ermöglicht es, dass man die Tiere auch in der Dämmerung beobachten kann.

Leuchtstofflampen

Bei der Beleuchtung von Zimmerterrarien werden Leuchtstofflampen bevorzugt, da sie eine große Lichtausbeute haben und bei der richtigen Wahl auch die beste Farbwiedergabe. Durch den Einsatz unterschiedlicher Röhren lässt sich das Licht auch so mischen, dass die gewünschte Lichtqualität erreicht wird.

Leuchtstofflampen gibt es in verschiedenen Längen und dadurch auch unterschiedlichen Watt-Stärken. Die Abmessungen reichen von 65 cm (20 Watt) bis zu einer Länge von 150 cm (65 Watt). Außerdem gibt es kleinere Spezialformen sowie ring- und U-förmige Leuchtstofflampen. Am einfachsten und ungefährlichsten ist es, fertig montierte Leuchtstofflampen zu kaufen, die es komplett mit Vorschaltgerät gibt. Ebenfalls geeignet sind fertige Aquarienlampen mit Reflektor. Man kann sich für ein großes, selbstgebautes Zimmerterrarium aber auch einen Beleuchtungskasten aus Holz bauen und sich darin von einem Fachmann die Leuchtstofflampen installieren lassen. Vorher sollte man mit ihm natürlich die Maße absprechen.

Quecksilberdampf-Hochdrucklampen (HQL-Lampen)

Diese Lampen gibt es ebenfalls bereits komplett mit Vorschaltgeräten, die ein Fachmann aber auch genauso gut separat montieren kann. Leider haben HQL-Lampen aber entscheidende Nachteile: Sie erreichen nur eine Farbtemperatur von 2900 bis 4100 K, haben einen geringen Ra-Index und eine gro-

Tipp:
Werden die wärmeabstrahlenden Vorschaltgeräte außerhalb des Beleuchtungskastens angebracht, etwa in einem Schrank oder Regal unter dem Terrarienboden, so können sie als Bodenheizung dienen.

Auch diese Geckos als Bewohner von Steppengebieten benötigen jahreszeitliche Klima- und Lichtschwankungen. Leopardgecko (Eublepharis macularius) Abb. links, der ähnlich zu haltende Wundergecko (Teratoscincus scincus) Abb. rechts

ße Wärmeentwicklung. Außerdem weisen sie zum Teil hohe UV-Anteile auf und sind in der Anschaffung recht kostspielig.

Wichtiger Hinweis:
Bei der Verwendung von HQL-Lampen ist wegen der großen Wärmeentwicklung und des UV-Anteils unbedingt auf den erforderlichen Sicherheitsabstand zu achten. Achten Sie auf die Betriebsanleitung!

Halogen-Metalldampflampen (HQI-Lampen)

Diese Lampen haben Farbtemperaturen zwischen 3000 und 6000 K und garantieren eine gute Farbwiedergabe. Sie sind aber nicht ungefährlich, denn neben UV-A- und UV-B-Strahlen geben sie auch die schädlichen UV-C-Strahlen ab. Außerdem sind sie verhältnismäßig teuer. Bei der Haltung von Wüsten- oder Hochgebirgstieren sind HQI-Lampen aber aufgrund ihrer hohen Lichtausbeute und ihres tageslichtähnlichen Spektrums sehr vorteilhaft. Ihre erhebliche Wärmeabstrahlung muss man allerdings unbedingt berücksichtigen und die Lampen im entsprechenden Abstand von den Tieren und Pflanzen anbringen.

Wichtiger Hinweis:
Um die schädlichen UV-C-Strahlen herauszufiltern, muss sich zwischen HQL-, vor allem aber zwischen HQI-Lampen und Lebewesen stets eine Filterscheibe befinden. Beachten Sie hierzu unbedingt die Betriebsanweisungen, und ziehen Sie bei Ihren Planungen einen Fachmann zu Rate.

Beleuchtungsdauer
In den Tropen scheint die Sonne täglich etwa 12 – 14 Stunden lang. Dies ist auch bei der Pflege von Tieren zu berücksichtigen, die aus tropischen Regionen stammen. Sie müssen einen dementsprechend langen Kunstlicht-Tag erleben. Es ist allerdings kaum möglich, ohne weitere technische Hilfsmittel jeden Tag exakt zur gleichen Zeit die Beleuchtung morgens ein- und am Abend auszuschalten. Außerdem ist es sinnvoll, bei der Verwendung mehrerer Beleuchtungskörper diese am Morgen mit einer Verzögerung von etwa 3 – 5 Minuten nach und nach einzuschalten, um den beginnenden Tag zu simulieren. Am Abend sollten die Lampen auf die gleiche Weise nacheinander ausgeschaltet werden, damit die Tiere sich nach dem Ausschalten des

Lichtes nicht plötzlich im Dunkeln befinden, sondern die Dämmerungsphase wie in der Natur zum Aufsuchen ihrer Verstecke oder Schlafstätten nutzen können.
Kurzum, die Beleuchtungsdauer lässt sich am einfachsten mit Zeitschaltuhren regeln. Sie sind inzwischen recht preiswert, und einige Geräte sind bereits in der Lage, mehrere programmierte Schaltungen gleichzeitig vorzunehmen. Auch für die Zeiten der Abwesenheit und für Urlaubstage sind sie unverzichtbar.

Be- und Entlüftung

Wer mag schon stickige, verbrauchte Luft? Auch Tiere und Pflanzen haben das Bedürfnis nach Frischluft. Deshalb ist in einem Terrarium für einen steten Luftaustausch zu sorgen. Die verbrauchte Luft muss kontinuierlich durch einen Teil Frischluft ersetzt werden. Um dies zu gewährleisten, werden Terrarien mit Be- und Entlüftungsfeldern versehen. Den physikalischen Gesetzen folgend entweicht erwärmte Luft durch das Entlüftungsfeld im Deckel des Zimmerterrariums und zieht durch das Belüftungsfeld in der Front- oder Seitenscheibe Außenluft in das Terrarium. Hat das Terrarium versetzte Schiebescheiben, wird auch ein geringer Luftanteil durch den vorhandenen Schlitz zwischen den Schiebescheiben nach innen gesogen.
Bei einer falschen Anordnung der Lüftungsfelder (siehe Abb. links) kann es allerdings zu Durchzug und dadurch bei den Terrarienbewohnern zu Erkältungskrankheiten kommen.

Anordnung der Belüftungsfelder: falsch (Abb. links); richtig (Abb. Mitte und rechts)

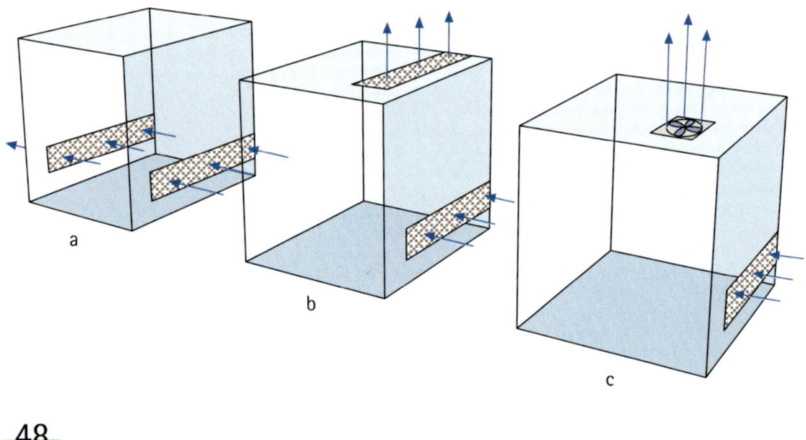

Wie viel Frischluft ist notwendig?

Leider sind die Luftmengen, die in ein Zimmerterrarium strömen und es verlassen, nicht genau messbar. Da sich die jeweiligen Temperaturverhältnisse innerhalb und außerhalb des Terrariums im Laufe eines Tages ändern, ändern sich auch die Luftströme. Sind die Temperaturen außerhalb des Behälters viel niedriger als im Inneren, so entsteht im Terrarium ein stärkerer Luftstrom, als wenn sich die Temperaturen außen und innen nur geringfügig unterscheiden. Dementsprechend kann der Fall eintreten, dass am Abend, nachdem die Beleuchtung und eventuell auch die Heizung ausgeschaltet wurde, nach einiger Zeit die Frischluftzufuhr endet und keine Luftzirkulation mehr stattfindet.

Sind Sie mit der Be- und Entlüftung Ihres Terrariums nicht zufrieden, weil es immer etwas muffig riecht, können Sie sich mit einem kleinen Ventilator behelfen (siehe Abb.

Tipp:
Mit Hilfe einer Zeitschaltuhr können Sie den Betrieb des Ventilators nach Bedarf regeln.

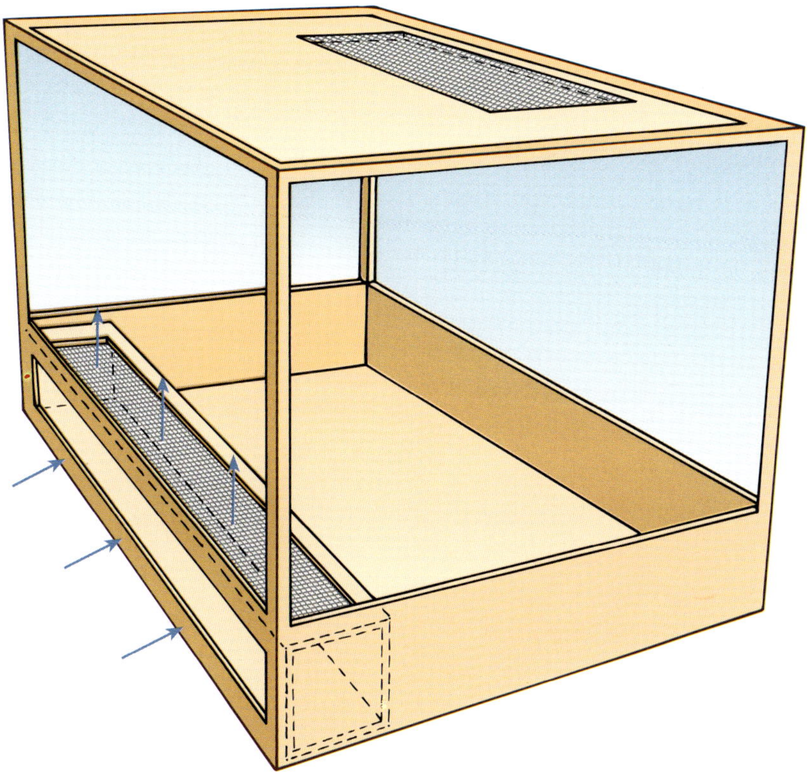

Im Handel erhältliche Terrarien haben inzwischen fast alle eine Kastenlüftung, durch die die Frontscheiben in der Regel nicht beschlagen können

S. 48 rechts). Sie bekommen ein solches Gerät als einfachen Bausatz in Geschäften für Bastelbedarf.
Bei der Wahl des Ventilators, sollten Sie aber unbedingt das Volumen des Terrariums berücksichtigen und darauf achten, dass das Gerät geräuscharm läuft.

Bei technisch versierten Terrarianern findet man häufig sogar Messfühler im Terrarium. Sobald eine bestimmte Maximaltemperatur erreicht wird, schaltet sich automatisch der Ventilator ein. In großen Terrarien lassen sich auch Temperaturunterschiede durch den zeitweisen Betrieb eines Ventilators ausgleichen.

Wichtiger Hinweis:
Der Ventilator ist auf alle Fälle außerhalb und oberhalb des Terrariums so anzubringen und einzustellen, dass er Luft aus dem Terrarium abzieht und hineindrückt!

Luftfeuchtigkeit

Nach dem Abschalten der Beleuchtung, sobald die Temperaturen etwas sinken, erhöht sich automatisch die Luftfeuchtigkeit, genauer die relative Luftfeuchtigkeit. Sie gibt in Prozentwerten das Verhältnis der herrschenden zu der bei der jeweiligen Temperatur höchstmöglichen Luftfeuchtigkeit (Sättigung) an. Da die Luft mit sinkender Temperatur weniger Wasserdampf aufnehmen kann, d.h. schneller gesättigt ist, steigt mit sinkender Temperatur im Terrarium die relative Luftfeuchte.
Um innerhalb des Terrariums mit einem Blick die relative Luftfeuchtigkeit feststellen zu können, sollten Sie etwa in halber Höhe des Behälters einen Hygrometer aufhängen.

Steuerung der Luftfeuchtigkeit

Bei Sumpfterrarien ist das Belüftungsfeld gewöhnlich dicht über der Wasserfläche angebracht, so dass die einströmende Frischluft automatisch auch Feuchtigkeit aufnimmt. Aber selbst wenn es den Tieren zu trocken würde: Der vorhandene Wasserteil ermöglicht es ihnen jederzeit, das »feuchte Nass« aufzusuchen.
In kühlen Waldterrarien ist der Bodengrund immer durch regelmäßiges Sprühen leicht feucht zu halten, wodurch eine genügend hohe Luftfeuchte erreicht wird. In Regenwaldterrarien sind die Pflanzen häufiger zu besprühen. Auch dabei steigt automatisch die Luftfeuchtigkeit. In Savannen- und Wüstenterrarien hingegen ist eine geringe Luftfeuchte erwünscht und

Im tropischen Regenwald ist die Luft mit Wasserdampf nahezu gesättigt

dementsprechend muss nur spärlich gesprüht werden. Dennoch haben auch Wüstentiere einen bestimmten Feuchtigkeitsbedarf. In Anpassung an ihren Lebensraum graben sie häufig Gänge in den Bodengrund und schützen sich darin vor Überhitzung und Austrocknung. Denn ihre Höhlen und Gänge sind immer leicht feucht, und darin herrscht immer eine ausreichend hohe Luftfeuchtigkeit.

Es ist übrigens leichter, die Luftfeuchtigkeit zu erhöhen, als sie zu senken. Bildet sich nach dem Abschalten der Heizung und Beleuchtung an den Scheiben Kondenswasser, kann man mit einem Ventilator die feuchte Terrarienluft absaugen und trockenere Außen-

luft über das Belüftungsfeld nachströmen lassen. Dabei muss natürlich die Außenluft deutlich trockener sein, sonst hat man für das Terrarium den falschen Standort gewählt.

Gestaltung von Zimmerterrarien

Die Bezeichnungen der einzelnen Zimmerterrarientypen sind nicht wissenschaftlich festgelegt. Manche Autoren nehmen eine Unterscheidung zwischen ungeheizten und geheizten, trockenen, halbfeuchten und feuchten Terrarien vor. Dabei wird von ihnen das im Terrarium herrschende Klima umschrieben, was aber aufgrund der vielfältigen tatsächlichen kleinklimatischen Möglichkeiten nur unzureichend gelingt. Darüber hinaus geben die Bezeichnungen nur wenig Auskunft darüber, aus welchen Lebensräumen die Tiere kommen. Aus diesem Grund werden die Terrarientypen häufig auch nach den Lebensräumen, die sie nachempfinden sollen, benannt. Man spricht also von

- Sumpfterrarien,
- Waldterrarien,
- Regenwaldterrarien,
- Savannenterrarien,
- Steppenterrarien,
- Halbwüstenterrarien,
- Wüstenterrarien,
- Felsenterrarien oder auch Hochgebirgsterrarien.

Die klimatische Variationsbreite innerhalb dieser Lebensräume ist aber immer noch so groß, dass man die Lebensbedingungen der einzelnen Terrarienbewohner unbedingt kennen muss, wenn man die Tiere artgerecht halten und vermehren will. Denn es gibt auch in den vorgenannten Großlebensräumen sonnigere und schattigere, wärmere und kühlere, trockenere und feuchtere Stellen. Zum Glück gibt es viele Tierarten, die es tolerieren, wenn die ihnen gebotenen Bedingungen nicht ganz den idealen entsprechen und die sich sogar bei weniger günstigen Verhältnissen vermehren.

Auf den folgenden Seiten finden Sie detaillierte Beschreibungen, wie Sie verschiedene Lebensräume im Terrarium nachahmen können.

Sumpfterrarien

Häufig wird das Sumpfterrarium auch als Aqua-Terrarium oder Paludarium (lat. Palus = Sumpf) bezeichnet. Es handelt sich dabei im Wesentlichen um ein Aquarium mit eingebautem Landteil, das man zur Pflege weitgehend aquatisch oder amphibisch lebender Tiere einrichtet.

Der Landteil

Bei kleineren Sumpfterrarien ist es am einfachsten, als Landteil einen oder einige größere flache, mit Javamoos *(Vesticularia dubyana)* bewachsene Steine in den Wasserteil zu legen, die über die Wasseroberfläche hinausragen (siehe Abb. unten). Bei größeren Sumpfterrarien stellt man eine Pflanzenschale ins Wasser (siehe Abb. S. 54 oben) oder klebt mit Silikonkautschuk als Abgrenzung zum Wasserteil einen Glasstreifen in das Becken (siehe Abb. S. 54 unten). Nach einer Dichtigkeitsprobe wird der Landteil je nach Bedarf mit Sand, feinem Kies oder mit einem Gemisch aus Walderde (Buchenwald) und Sand (im Verhältnis 1:1) gefüllt und bepflanzt. Die Tiere müssen stets ohne Schwierigkeiten vom Wasser auf den Landteil gelangen können. Um dies zu gewährleisten, müssen Sie eine Uferzone einrichten. Bei niedrigem Wasserstand können Sie diese aus Steinen, bei höherem aus einem Stück Korkrinde gestalten (siehe Abb. S. 55). Bei vielen Amphibien ist der Landteil weitgehend feucht zu halten. Vor allem bei Reptilien muss er dagegen zumindest stellenweise völlig trocken werden können. Dies ermöglicht ein über dem Landteil montierter Wärmestrahler, unter dem sich die Pfleglinge bei Bedarf aufwärmen können.

Wichtiger Hinweis:

Damit die Terrarienbewohner sich nicht erkälten, muss die Lufttemperatur tagsüber stets über der des Wassers liegen.

Tipp:
Um Gewicht zu sparen, können Sie den Landteil auch mit Blähtonkugeln füllen und darüber Moospolster geben.

Einfach eingerichtetes Sumpfterrarium

Sumpfterrarium mit Epiphytenstamm

Großes Sumpfterrarium mit eingeklebter Trennscheibe als Abgrenzung zwischen Wasser- und Landteil

Der Wasserteil

Durch Kot und Futterreste wird der Wasserteil ständig verschmutzt, wodurch ein Wasserwechsel nach einiger Zeit unumgänglich wird. Bei der Pflege größerer Tiere kann er sogar täglich erforderlich sein. In solchen Fällen verzichtet man besser auf eine Bepflanzung des Wasserteiles und stattet ihn mit einem Abfluß aus. Bei größeren Sumpfterrarien kann man das Wasser auch durch eine Filteranlage reinigen lassen wie sie für Aquarien angeboten werden. Ist eine Erwärmung des Wassers erforderlich, installiert man einen Aquarienheizstab oder verwendet gleich eine Filteranlage mit eingebauter Heizung.

Bepflanzung und Dekoration

Zur Bepflanzung eines Sumpfterrariums eignen sich z.B. Farne, Orchideen und Bromelien. Sie sollten aber keinesfalls zu viele Pflanzen einsetzen, denn ein überladen wirkendes Terrarium ist wenig dekorativ und zudem äußerst schwierig zu pflegen.

Beabsichtigen Sie, größere Tiere, wie zum Beispiel Wasserschildkröten, Wasseragamen oder Schlangen zu pflegen, sollten Sie auf eine Bepflanzung des Wasserteils verzichten. Bei der Bepflanzung der Landzone gilt es zu bedenken, dass die Tiere bereits durch ihr Gewicht und ihre Bewegungen den Bewuchs ständig niederwalzen würden. Pflanzenfresser unter den Reptilien betrachten darüber hinaus die Pflanzendekoration oft als willkommene Bereicherung ihres Speiseplanes. Dennoch brauchen Sie bei einem hohen Terrarium nicht auf jegliches Grün zu verzichten. In diesem Fall nämlich können Sie die Pflanzen so anbringen, dass sie für die Tiere unerreichbar sind. In einem Sumpfterrarium ohne Landteil, wie es z.B. zur Pflege von Krallenfröschen oder Wabenkröten eingesetzt wird, können Sie Ampelpflanzen (in Gärtnereien er-

Seitenansicht eines großen Sumpfterrariums. Als Übergang vom Wasser- zum Landteil dient hier ein Korkeichenstück

Praktisches Zimmerterrarium für Sumpf- und Wasserschildkröten

Sumpfterrarium ohne Landteil. Eine hübsche Pflanzendekoration ist dennoch möglich. Man bringt dazu über dem Wasserteil einen Pflanzkasten an

hältlich) im oberen Terrarienbereich an einem Haken befestigen. Eine weitere Möglichkeit ist ein Pflanzkasten oberhalb der Wasseroberfläche (siehe Abb. S. 56 unten). Oder Sie bringen außer Reichweite der Pfleglinge einen hübsch bepflanzten Epiphytenast an.

Waldterrarien

Die Einrichtung dieser Terrarien richtet sich nach den Bedingungen, die in Laubwäldern der gemäßigten Breiten herrschen. Ein Waldterrarium zeichnet sich durch relativ niedrige Temperaturen und eine hohe Luft- und Bodenfeuchtigkeit aus. Deshalb müssen die eingesetzten Pflanzen fast täglich leicht besprüht oder überbraust werden. Bewohner dieser Terrarien sind vor allem landlebende Amphibien der gemäßigten Breiten. Zu hohe Temperaturen sind für sie und die dazugehörigen Pflanzen lebensbedrohlich. Die Tiere in einem Waldterrarium dürfen im Verlauf eines Tages nur verhältnismäßig schwachen Temperaturschwankungen ausgesetzt werden. Eine direkte Sonneneinstrahlung ist unbedingt zu vermeiden.

Wichtiger Hinweis:

In Waldterrarien darf die Temperatur kaum über 18 bis 20 °C steigen. Als Standort kommt daher oft nur ein kühler Kellerraum in Frage. Denn selbst in ungeheizten Wohnräumen kann im Sommer die Temperatur auf über 20 °C steigen.

Der Bodengrund

Als Bodengrund eignet sich ein Gemisch aus Walderde (Buchenwald) und Sand im Verhältnis 1:1. Bei großen Waldterrarien mit hohem Bodengrund kann man eine Drainageschicht aus mittelgrobem Kies einbringen, bevor man den eigentlichen Bodengrund darüber schüttet.

Bepflanzung und Dekoration

Als Bepflanzung für kleinere Waldterrarien eignen sich vor allem klein bleibende Farne und Bodendecker, Efeu und Moose. Für größere Behälter kann man als Blickfang auch größer werdende Farne und Bodendecker verwenden. Eine Wurzel mit ihren Hohlräumen dient als Kletter- und Versteckmöglichkeit.

Wichtiger Hinweis:

In Waldterrarien kommt es im Bodengrund leicht zur Bildung von Staunässe, daher sollten Sie die Bodenfeuchtigkeit durch die Glasscheiben immer im Auge behalten und das Sprühen eventuell vorübergehend einstellen.

Burma-Krokodilmolch (Tylototriton verrucosus)

Regenwaldterrarien

Sie zeichnen sich durch ihre üppige Bepflanzung aus. Der damit verbundene hohe ästhetische Schauwert ist auch der Grund, warum Regenwaldterrarien zu den beliebtesten Zimmerterrarien gehören. Da Wärme und Feuchtigkeit in solchen Terrarien wesentliche Faktoren sind, ist auf die Belüftung des Behälters besondere Aufmerksamkeit zu richten. Die Lufttemperaturen müssen in Bodennähe ungefähr 23 °C, im oberen Bereich etwa 28 °C erreichen. Die relative Luftfeuchtigkeit sollte zwischen 70 und 95 % schwanken. Wie in einem tropischen Regenwald nimmt auch in einem Regenwaldterrarium die Lichtintensität von oben nach unten ab. Daher ist die Beleuchtung so abzustimmen, dass der Bodenbereich viele schattige Stellen aufweist. Lediglich bei der Pflege licht- und wärmeliebender Arten muss ein zusätzlicher Wärmestrahler installiert werden. Die im Regenwaldterrarium gewünschten Temperaturen und die richtige Beleuchtung erreichen Sie durch Lampen, die Sie über der Terrarienabdeckung anbringen. Ihre Anzahl und Stärke richtet sich nach der Größe und Höhe des Terrariums. Wollen Sie reine Bodenbewohner halten, können Sie den Wärmestrahler auch in das Terrarium hängen. Bei kletternden Arten muss der Strahler unbedingt außerhalb des Behälters bleiben.

Der Bodengrund

Als Bodengrund eignet sich ein Gemisch aus Walderde (Buchenwald) und Sand im Verhältnis 1:1. An Stelle der Walderde können Sie auch Blumenerde verwenden, jedoch nur solche, die völlig frei von Zusätzen (Biozide, Dünger) ist, da sonst die Gesundheit der Tiere gefährdet wird.

Bepflanzung und Dekoration

Obwohl in einem tropischen Regenwald gewöhnlich nur wenige Aufsitzerpflanzen (sog. Epiphyten) wachsen, bildet ein reich bepflanzter Epiphytenstamm (siehe S. 74) häufig den Mittelpunkt der Einrichtung in einem Regenwaldterrarium. Viele Aufsitzerpflanzenarten lassen sich nämlich in einem Regenwaldterrarium besonders gut pflegen. Neben dem Epiphytenstamm bietet auch eine Rückwand aus Rindenstückchen der Korkeiche eine gute Möglichkeit, um attraktive Aufsitzerpflanzen anzusiedeln. Die Rindenstückchen können Sie mit Silikonkautschuk auf eine Glasscheibe oder Eternitplatte kleben. Diese wiederum kleben Sie an die Rückwandscheibe des Terrariums. Bei der Wahl der Bodenpflanzen ist die zur Verfügung stehende Terrariengröße entscheidend. Bei sehr hohen Terrarien wirken Ampelpflanzen sehr ansprechend und bieten den Tieren zusätzliche Klettermöglichkeiten. An einem mit Silikonkautschuk an der Decke angeklebten Haken lassen sich die Pflanzen gut befestigen.
Auch in einem Regenwaldterrarium ist ein Zuviel an Pflanzen eher hinderlich und sieht zudem nicht schön aus.

Tipp:
Für Terrarien, in denen eine höhere Luftfeuchtigkeit herrschen soll, eignen sich auch Blähtonkugeln als Bodengrund. Durch Bodendecker werden diese bald überwuchert und fallen nicht mehr ins Auge.

Grüner Riesengiftfrosch (Dendrobates trivittatus) auf Blähtonkugeln als Bodengrund. Diese Froschart wird nur selten als Nachzucht angeboten, ist aber relativ pflegeleicht

Regenwaldterrarium mit Epiphytenstamm und kleiner Wasserschale

Für manche Regenwaldbewohner, z.B. Dendrobatiden (siehe S. 100-102), muss man auch in das Regenwaldterrarium einen kleinen Wasserteil einplanen. Dazu eignen sich etwa 5–6 cm hohe Kunststoffschalen, oder man klebt eine Trennscheibe auf den Terrarienboden und teilt damit einen Wasserteil ab (Prinzip wie in Abb. S. 54)

Wichtiger Hinweis:

Vor allem in Regenwalderrarien kann bei falscher Be- und Entlüftung leicht Zugluft entstehen bzw. die Luft stickig und abgestanden werden.

Savannenterrarien

Savannen gibt es in den tropischen und subtropischen Regionen unserer Erde. Ihr Klima wird durch eine kurze Regenzeit und lange Trockenperioden bestimmt. Gewöhnlich sind Savannen mit widerstandsfähigen Gehölzen durchsetzte Grasländer. Die dort lebenden Pflanzen und Tiere sind an die häufig unwirtlich anmutenden Regionen sehr gut angepasst und brauchen auch im Terrarium eine darauf abgestimmte Einrichtung. So muss z.B. die Beleuchtung stimmen. Es werden ähnlich hohe Lichtstärken wie im Wüstenterrarien benötigt.

Savannenterrarium mit Steinhöhle und Klettermöglichkeit

Savannenterrarium für Bodenbewohner mit Rindenstück als Versteckmöglichkeit

Der Bodengrund

Als Bodengrund eignet sich Lehm oder Sand mit hohem Lehmanteil. In den unteren Schichten muss der Bodengrund immer leicht feucht bleiben (Handhabung siehe »Steppen- und Wüstenterrarien«, S. 62). Die Höhe des Bodengrundes richtet sich danach, ob die Tiere, die Sie pflegen wollen, vorwiegend darauf leben, oder ob sie gerne Gänge darin graben. Im ersten Fall genügen einige Zentimeter, im zweiten Fall muss die Höhe des Bodengrundes schon mindestens die doppelte Tierhöhe aufweisen.

Bepflanzung und Dekoration

Savannenterrarien kann man mit stachelfreien Sukkulenten bepflanzen, um den optischen Eindruck eines Savannenausschnittes zu erreichen. Ein Wurzel- und ein Rindenstück dienen als Kletter- bzw.

Versteckmöglichkeit. Auch eine Gruppe ensprechend positionierter Steine kann den selben Zweck erfüllen.

Steppen- und Wüstenterrarien

Die meisten als Wüstentiere bezeichneten Arten sind eher Bewohner von Steppen oder Halbwüsten. In ihrem Lebensraum herrschen klimatische Bedingungen, die im Terrarium nur schwer zu verwirklichen sind. Das Hauptproblem im Zimmerterrarium besteht darin, den Tieren die in ihrer natürlichen Umgebung übliche starke nächtliche Abkühlung zu bieten. Da die Wüstentiere aber an die ökologischen Bedingungen ihres Lebensraumes angepasst sind, müssen die natürlichen Verhältnisse auch im Wüstenterrarium berücksichtigt werden. Aus diesem Grund wählen Besitzer von extremen Wüstenterrarien auch oft einen kühlen Kellerraum als Standort.

Viele Wüstentiere verbringen die Nacht und die heißesten Stunden des Tages in zum Teil recht tiefen Höhlen. Hier herrschen nicht nur immer ausgeglichene Temperaturverhältnisse, sondern es ist auch stets eine gewisse Restfeuchtigkeit vorhanden.

Da es sich bei den meisten für eine Terrarienhaltung geeigneten Steppen- und Wüstentieren um Bodenbewohner handelt, beanspruchen sie ein Terrarium mit großer Grundfläche. Die Höhe spielt dabei nur eine untergeordnete Rolle.

Wichtiger Hinweis:

Tagaktive Wüstentiere benötigen viel Licht. Hier empfehlen sich HQL- und HQI-Lampen.

Der Bodengrund

Als Bodengrund eignet sich vor allem Sand mit hohem Lehmanteil. Die von den Tieren gegrabenen Gänge fallen dann nicht so schnell zusammen. In den untersten Schichten muss der Bodengrund in einem Wüstenterrarium immer leicht feucht sein. Er sollte daher auch etwa doppelt so hoch sein wie die Körperhöhe der gehaltenen Tiere. Bei geringerer Bodenhöhe würde der Untergrund zu schnell austrocknen. Um den unteren Bodenbereich stets feucht zu halten, bieten sich verschiedene Möglichkeiten an: Am einfachsten ist es, einen unglasierten Blumentopf in den Bodengrund zu versenken und ihn mit Kies zu füllen. Bei Bedarf schüttet man Wasser auf den Kies, dieses versickert durch das Bodenloch des Topfes und tränkt die umgebende Erdschicht. Das gleiche kann auch ein umgedrehter Trichter leisten, durch dessen Tubus man Wasser schüttet. Verwendet man einen Kunststoff-Trichter, dessen Rand man mit größeren Kerben versieht, versickert das eingeschüttete Wasser ebenfalls schnell im Boden. Den aus dem Bodengrund ragenden Tubus kaschiert man z.B. mit Steinen oder Wurzelstücken.

Bepflanzung und Dekoration

Da beispielsweise Wüstenechsen ihre Gänge gerne unter feste Gegenstände graben, legt man bei kleineren Arten einen größeren flachen Stein auf den Bodengrund. Damit der Pflegling beim Untergraben nicht erdrückt wird, muss der Stein auf geeigneten Stützen gelagert werden. Dies können ebenfalls Steine sein, die direkt auf dem Terrarienboden aufliegen. Größere Tiere verlangen einen dementsprechend größeren Unterschlupf. Hierzu eignet sich z. B. eine Holzkiste mit Öffnung. Die Kiste füllt man dann nicht ganz mit feuchtem Sand, so dass die Tiere sich darin eine Höhle graben können. Für die Bepflanzung eignen sich lediglich stachelfreie Sukkulenten, die man mit ihrem Blumentopf eingräbt.

Wichtiger Hinweis:

Morgens sollten Sie die Einrichtung leicht mit Wasser übersprühen. Die Tiere lecken die Wassertropfen auf und stillen so ihren Flüssigkeitsbedarf.

Pflanzen für Zimmerterrarien

Pflanzen schaffen eine natürliche Atmosphäre und dienen den Tieren häufig als Kletter- und Versteckmöglichkeit. Außerdem produzieren sie tagsüber Sauerstoff, und über ihre Blattoberflächen verdunstet Wasser, dadurch verbessern sie das Raumklima. Zudem lässt sich die Luftfeuchte im Terrarium einfach und schnell erhöhen, indem man die darin befindlichen Pflanzen besprüht.

Als Terrarienpflanzen eignen sich kleinwüchsige Arten besonders gut, da sie je nach Größe des Terrariums attraktive Polster oder Stauden bilden können. Zu groß werdende Pflanzen – oder Pflanzen mit sehr großen Blättern – kommen weniger in Frage, da sie sich in einem Terrarium nie ganz entfalten können. Einen Überblick, welche Blattpflanzen und Gräser sich gut in Terrarien kultivieren lassen, gibt die nachfolgende Tabelle. Darüber hinaus werden auf den folgenden Seiten weitere Pflanzengruppen vorgestellt und aus ihnen jeweils einige bewährte Vertreter mit ihren Bedürfnissen in Tabellenform aufgelistet.

Tipp:

Setzen Sie alle Pflanzen grundsätzlich in Blumentöpfen oder Pflanzcontainern in das Terrarium. So können Sie jede Pflanze bequem wieder herausnehmen, wenn sie eine Ruhephase benötigt, von Schädlingen befallen ist oder gedüngt werden muss.

Bewährte Terrarienpflanzen

	Merkmale										Pflege		
	Laub			Wachstumszyklus		Form					Gießen		
											Ruhezeit		
	Grün	Farbig	Bunt	Immergrün	Laubabwerfend	Rosette	Buschig	Grasartig	Aufrecht	Kletternd oder hängend	Sparsam	Mäßig	Reichlich
Aeschynanthus, Schamblume	●			●						●			
Aglaonema, Kolbenfaden			●	●			●				●		
Anthurium, Flamingoblume	●			●			●					●	
Aphelandra, Glanzkölbchen			●	●			●					●	
Asparagus, Zierspargel	●			●						●	●		
Begonia, Begonie	zahlreiche und sehr verschiedene Arten												
Caladium, Kaladie		●			●		●				●		
Calathea, Korbmarante			●	●					●			●	
Chlorophytum, Grünlilie			●	●				●				●	
Clerodendrum, Losbaum	●			●						●	●		
Codiaeum, Croton			●	●					●		●		
Cyperus, Zypergras	●			●				●					●
Dichorisandra			●	●					●				
Dieffenbachia, Dieffenbachie			●	●					●			●	
Dracaena, Drachenbaum			●	●					●			●	
Episcia, Schattenröhre			●	●		niederliegende Triebe							
Ficus pumila, Feige	●			●						●			
Ficus p. »variegata«			●	●						●			

Hauptwachstumszeit			Licht				Temperatur				
							Ruhezeit		Hauptwachstumszeit		
Sparsam	Mäßig	Reichlich	Mittel	Hell	Hell, nicht vollsonnig	vollsonnig	min. °C	max. °C	min. °C	max. °C	
		●		●			–	–	16	24	*Aeschynanthus*, Schamblume
	●		●				16	25	16	25	*Aglaonema*, Kolbenfaden
		●	●				13	22	18	22	*Anthurium*, Flamingoblume
		●		●			13	18	18	28	*Aphelandra*, Glanzkölbchen
		●		●			13	24	16	24	*Asparagus*, Zierspargel
											Begonia, Begonie
	●						15	18	18	24	*Caladium*, Kaladie
		●	●				15	21	15	21	*Calathea*, Korbmarante
		●			●		8	21	16	24	*Chlorophytum*, Grünlilie
		●			●		10	13	16	24	*Clerodendrum*, Losbaum
		●			●		13	24	16	24	*Codiaeum*, Croton
		●			●		10	24	16	24	*Cyperus*, Zypergras
●				●			16	21	21	28	*Dichorisandra*
●		●	●				16	24	16	28	*Dieffenbachia*, Dieffenbachie
		●			●		18	24	18	24	*Dracaena*, Drachenbaum
		●		●			–	–	18	24	*Episcia*, Schattenröhre
	●		●				–	–	10	24	*Ficus pumila*, Feige
	●			●			–	–	16	28	*Ficus p. »variegata«*

Bewährte Terrarienpflanzen

	Merkmale										Pflege		
	Laub			Wachstumszyklus		Form					Gießen		
											Ruhezeit		
	Grün	Farbig	Bunt	Immergrün	Laubabwerfend	Rosette	Buschig	Grasartig	Aufrecht	Kletternd oder hängend	Sparsam	Mäßig	Reichlich
Ficus rubiginosa			●	●					●				
Fittonia, Fittonie			●	●		niedrig wachsend						●	
Gynura, Gynure		●		●						●	●		
Hedera, Efeu	●			●						●	●		
Helxine, Bubikopf	●			●		kriechend						●	
Mimosa, Sinnpflanze	●			●					●				
Peperomia, Zwergpfeffer	●			●			●				●		
Saintpaulia, Usambaraveilchen	●			●		●						●	
Saxifraga, Steinbrech			●	●		●					●		
Schefflera, Strahlenaralie	●			●					●				
Scindapsus, Efeutute			●	●						●	●		
Siderasis, Siderasie			●	●		●							
Spathiphyllum, Blattfahne	●			●			●				●		
Syngonium, Purpurtute	●			●						●	●		
Tetrastigma, Kastanienwein	●			●						●	●		
Tradescantia, Dreimasterblume	●			●						●	●		
Vinca, Immergrün	●			●						●	●		
Zebrina, Zebrakraut			●	●						●	●		

			Licht				Temperatur				
auptwachstumszeit							Ruhezeit		Hauptwachstumszeit		
Sparsam	Mäßig	Reichlich	Mittel	Hell	Hell, nicht vollsonnig	vollsonnig	min. °C	max. °C	min. °C	max. °C	
●					●		–	–	18	28	*Ficus rubiginosa*
	●			●			13	18	18	21	*Fittonia*, Fittonie
	●					●	13	18	16	24	*Gynura*, Gynure
●			●	●			8	13	16	24	*Hedera*, Efeu
	●			●			16	24	16	24	*Helxine*, Bubikopf
	●					●	–	–	16	24	*Mimosa*, Sinnpflanze
●					●		13	21	16	24	*Peperomia*, Zwergpfeffer
	●			●			13	24	18	24	*Saintpaulia*, Usambaraveilchen
		●			●		5	16	10	24	*Saxifraga*, Steinbrech
	●				●		–	–	13	24	*Schefflera*, Strahlenaralie
	●			●			10	18	16	24	*Scindapsus*, Efeutute
	●		●				–	–	21	24	*Siderasis*, Siderasie
	●			●			13	16	16	24	*Spathiphyllum*, Blattfahne
	●			●			13	24	16	24	*Syngonium*, Purpurtute
	●			●			13	24	16	24	*Tetrastigma*, Kastanienwein
		●			●		10	24	21	24	*Tradescantia*, Dreimasterblume
	●		●				10	16	16	24	*Vinca*, Immergrün
	●			●			13	24	16	28	*Zebrina*, Zebrakraut

Bei sehr großen Regenwaldterrarien kann man die Rückwand mit Scindapsus und Ficus pumila bewachsen lassen

Beim Besuch einer größeren Gärtnerei werden Sie auf Anhieb eine Fülle von geeigneten Pflanzenarten finden. Neben den vorgenannten Blattpflanzen und Gräsern sind das z.B. Farne, Bromelien oder Orchideen. Diese und weitere Pflanzengruppen werden deshalb auf den folgenden Seiten mit ihren Pflegeansprüchen vorgestellt.

Wichtiger Hinweis:

Brausen Sie neue Pflanzen stets unter der Dusche oder in der Badewanne gründlich ab, bevor Sie sie in das Terrarium setzen. Oftmals besprühen Gärtnereien ihre Pflanzen nämlich mit Pflanzenschutzmitteln, die den Terrarientieren gefährlich werden können. Dass im Terrarium keine Schädlingsbekämpfungsmittel eingesetzt werden dürfen, sollte selbstverständlich sein.

Farne

Farne wachsen in der Natur an schattigen und feuchten Standorten. In Sumpf-, Wald- oder Regenwaldterrarien gedeihen sie daher in der Regel besonders gut. Einige Farnarten eignen sich auch für den Wasserteil (z.B. *Salvinia auricultata*, der an der Wasseroberfläche treibt), andere für die Bepflanzung eines Epiphytenstammes. Die in der Tabelle aufgeführten Farne benötigen tagsüber Temperaturen zwischen 20 und 25 °C, nachts 15 bis 21 °C .

Farne	Höhe		Bodenansprüche				Lichtbedarf			Verwendungs-zwecke		
	unter 30 cm	30 – 90 cm	Sauer	Neutral	Feucht	Nass	Offener Schatten*	Leichter Schatten	Tiefer Schatten	Topfpflanze	Ampel	Wasser
Actiniopteris australis	●			●	●		●			●		
Anemia adiantifolia	●	●	●		●		●	●		●		
Asplenium daucifolium	●	●	●		●				●	●		
Blechnum penna-marina	●		●		●				●	●		
Ceratopteris pteridoides	●	●	●			●	●			●		●
Ceratopteris thalictroides	●	●	●			●	●			●		●
Davallia mariesii	●		●		●		●	●	●	●	●	
Dryopteris filix-mas	●		●		●			●	●	●		
Humata tyermannii	●			●	●			●		●	●	
Pyrrosia lingua	●			●	●		●			●	●	
Salvinia auricultata	●			●		●	●					●
Salvinia natans	●			●		●	●					●
Salvinia rotundifolia	●			●		●	●					●
Scyphularia pentaphylla	●			●	●		●			●	●	

* = von Lichtflecken durchbrochener Schatten

Bromelien

Vor allem in Regenwaldterrarien und auf Epiphytenstämmen dürfen Bromelien nicht fehlen. Bei der Pflege von Pfeilgiftfröschen (Dendrobatiden) bilden die wassergefüllten Blattachseln der Bromelien die Kinderstuben für die Froschnachkommen. Unter den Bromelien gibt es Arten, die auf Bäumen wachsen, aber daneben auch bodenbewohnende.

Wichtiger Hinweis:

Beim Kauf von Bromelien sollten sie nach kleineren oder jüngeren Exemplaren Ausschau halten, denn viele Arten werden mit der Zeit für das Terrarium zu groß.

Orchideen

Ihre prächtigen Blüten machen Orchideen zu begehrten Pflanzen. Die meisten von ihnen wachsen besonders gut in feuchtwarmer

	Merkmale							Pflege												
	Laub			Kennzeichen		Form		Gießen					Licht			Licht			
								Ruhezeit		Hauptwachstumszeit						Ruhezeit		Hauptwachstumszeit	
Bromelien	Grün	Farbig	Bunt	Blüten	Immergrün	Rosette	Kletternd oder hängend	Sparsam	Mäßig	Sparsam	Mäßig	Reichlich	Hell	Hell, nicht vollsonnig	Vollsonnig	min. °C	max. °C	min. °C	max. °C
Cryptanthus		●			●	●					●				●	–	–	16	24
Guzmania	●			●	●	●					●		●			–	–	18	20
Neoregelia			●	●	●	●					●			●		–	–	10	24
N. carolinae	●			●	●	●					●			●		–	–	10	24
Nidularium			●	●	●	●					●		●			–	–	13	24
Tillandsia			●	●	●	●		●		●				●		13	24	16	24
T. usneoides	●				●		●		●		●			●		13	24	16	24
Vriesca			●	●	●	●			●			●		●		16	24	16	24

Umgebung, also auch in Regenwaldterrarien. Man darf sie aber nur dort kultivieren, wo die Tiere sie nicht erreichen können, denn die Terrarienbewohner könnten die zarten Orchideenblüten und auch die Pflanzen selbst leicht zerstören. Daher sind Orchideen besonders gut auf Epiphytenstämmen untergebracht, die man für die Tiere unerreichbar an der Terrarienrückwand anbringt.

Wichtiger Hinweis:
Viele Orchideen benötigen spezielle Substrate und Dünger.

Orchideen	Merkmale							Pflege										
	Laub		Kennzeichen			Form		Gießen				Licht			Licht			
								Ruhezeit		Hauptwachstumszeit					Ruhezeit		Hauptwachstumszeit	
	Grün	Bunt	Blüten	Duft	Immergrün	Buschig	Aufrecht	Sparsam	Normal weiter	Mäßig	Reichlich	Mittel	Hell	Vollsonnig	min. °C	max. °C	min. °C	max. °C
Cattleya	●		●		●		●	●			●		●		13	16	16	24
Coelogyne	●		●	●	●	●		●			●		●		8	16	16	24
Cymbidium	●		●		●		●	●		●			●		16	18	16	24
Dendrobium	●		●		●		●	●		●			●		10	18	16	21
Epidendrum	●		●		●		●	●		●			●		13	21	13	21
Maxillaria	●		●		●		●	●		●			●		10	16	16	21
Miltonia	●		●		●		●		●	●		●			–	–	17	24
Oncidium	●		●		●		●	●		●				●	10	16	16	24
Paphiopedilum	●		●		●		●	●		●			●		16	24	16	24
Phalaenopsis		●	●		●		●		●	●					–	–	20	21
Vanda	●		●		●		●		●		●		●		–	–	16	24

Filigran wirkende Farne, ein Bubikopf und eine Bromelie (Abb. links) – für Terrarien mit Dendrobatiden die ideale Kombination

Eine prächtige Phalaenopsis-Blüte (Abb. rechts)

Sukkulenten

Als Sukkulenten bezeichnet man in der Regel Pflanzen mit dickfleischigen Stängeln und Blättern. Bei einigen Arten fehlen die Blätter ganz. Um Wasserverlust durch Verdunstung zu vermeiden, ist ihre Außenhaut verdickt und wasserundurchlässig. Gleichzeitig hat das Innengewebe die Fähigkeit, Wasser zu speichern. Auf diese Weise sind diese Pflanzen besonders gut an sehr trockene Lebensräume angepasst. Wissenschaftlich gesehen gehören Sukkulenten mehreren Pflanzenfamilien an, sie werden lediglich wegen ihrer sich ähnelnden Eigenschaften oft zu einer Gruppe gefasst. Für die Bepflanzung eines Savannen-, Steppen- oder Wüstenterrariums kommen nicht alle Sukkulenten gleichermaßen in Frage.

So eignen sich Kakteen mit Stacheln oder Wolfsmilchgewächse (Euphorbiaceen) für Terrarien ebenso wenig wie Pflanzen mit Dornen. Wolfsmilchgewächse geben bei Verletzung ihrer Haut einen weißlichen, für viele Lebewesen giftigen Saft ab, zudem tragen viele Arten Stacheln. Wollen Sie Landschildkröten oder pflanzenfressende Echsen pflegen, sind viele Sukkulenten nicht die Pflanzen der Wahl, weil

sie von diesen Reptilien sehr gerne gefressen werden. Vor allem Blattkakteen (Epiphyllum) verzehren sie gerne. Diese eignen sich aber ansonsten gut als Terrarienpflanzen. Man kann sie sogar auf einem Epiphytenstamm kultivieren.
Für die Bepflanzung hoher Terrarien kommt besonders der Bogenhanf *(Sanseviera trifasciata »Laurent«)* in Frage. Als Bodenpflanze für niedrige Zimmerterrarien bietet sich die als »Golden Hahnii« bezeichnete niedrig wachsende Zuchtform von *Sanseviera trifasciata* an. Weitere niedrig wachsende und sehr gut geeignete Sukkulenten sind die *Echeverie (Echeveria derenbergii)* und die Papageien- oder Tigeraloe *(Aloe variegata).*

Epiphyten

Alle Grünpflanzen benötigen Licht. Im lichtarmen Regenwald versuchen Bäume durch rasches Wachstum Konkurrenten zu überholen, um als erste an das lebensnotwendige Sonnenlicht zu gelangen. Andere Pflanzen »klettern« an Baumstämmen empor, um ebenfalls dem Licht so nahe wie möglich zu kommen. Eine weitere Strategie haben Epiphyten (Aufsitzerpflanzen) entwickelt, zu denen etliche Farne, aber vor allem Bromelien und Orchideen gehören. Ihre Samen – bzw. bei den Farnen sind es Sporen – gelangen mit dem Wind oder durch Tiere auch in die höheren Baumregionen, wo sie in der rauen Rinde von Ästen auskeimen und zu

Epiphyten im tropischen Regenwald

vollständigen Pflanzen heranwachsen. Epiphyten benutzen also andere Pflanzen als Unterlage, ernähren sich aber unabhängig von ihnen, d. h. sie sind keine Parasiten. Sie sind vielmehr in der Lage, Feuchtigkeit und Nährstoffe aus der Luft und dem auftreffenden Niederschlag aufzunehmen. Ihre Wurzeln sind daher oft sehr reduziert oder dienen lediglich zur Verankerung auf der Unterlage. Epiphyten sind an sehr nährstoffarme Umgebungen angepasst, Tillandsien siedeln sich in ihrer Heimat selbst auf Telegrafendrähten an. Es gibt aber auch Pflanzensamen, die in den Astachseln der Bäume eine Nische finden und dort auf Humusansammlungen und modernden Pflanzenteilen Wurzeln bilden und zu wachsen beginnen.

Anlegen eines Epiphytenstammes

Als Epiphytenunterlage eignen sich vor allem alte, knorrige Obstbaumäste. Darauf klebt man mit Pflanzenkleber jene Epiphyten fest, die keine eigenen oder nur geringe Wurzeln bilden, wie beispielsweise Tillandsien. In Töpfen kultivierte Farne, Bromelien oder Orchideen werden auch mit ihrem Blumentopf an den Ast gebunden. Um das Pflanzgefäß zu kaschieren, umwickelt man es am besten mit Torfmoos (Sphagnum), bindet den Topf nun mit einer Nylonschnur an den Ast und zupft anschließend das Torfmoos (kein Torf!) etwas über die unschönen Nylonfäden. Mit etwas Geschick sieht ein Epiphytenstamm später wie natürlich gewachsen aus. Einen Epiphytenstamm kann man im Terrarium positionieren, indem man das untere Ende etwas in den Bodengrund eingräbt und das obere in eine Ecke des Terrariums lehnt. Eine weitere Möglichkeit ist, ihn an Drähten und Haken von der Terrariendecke »baumeln« zu lassen.

Inbetriebnahme und Pflege

Die Endkontrolle vor dem Einzug der »Hauptdarsteller«

Bevor neue Geräte und Maschinen in den Handel gelangen, unterliegen sie einer strengen Sicherheitskontrolle. Zum Schutz der künftigen Pfleglinge sollten Sie auch das neu aufgebaute, eingerichtete und mit allen technischen Geräten versehene Zimmerterrarium erst einmal auf seine Funktionstüchtigkeit überprüfen. Denn Pannen oder technische Störungen können für die Tiere tödlich sein:

- Kontrollieren Sie über einen Zeitraum von mehreren Tagen, ob die Zeitschaltuhr einwandfrei funktioniert, d.h. ob die programmierten Beleuchtungs- und Heizzeiten eingehalten werden.

- Prüfen Sie die Lichtqualität.
- Notieren Sie mindestens 3 Tage lang, jeweils morgens, mittags und abends, im Terrarium die Temperaturen (d.h. sowohl die Durchschnittstemperatur als auch die Temperatur an vorgesehenen Wärmeplätzen, z.B. unter Strahlern, über Heizkabeln etc.) und die Luftfeuchtigkeit.
- Sind die Temperaturen zu hoch: Abstand der Wärmequellen zur Bodenoberfläche vergrößern, evtl. leistungsschwächere Geräte verwenden, evtl. Anzahl der Wärmequellen reduzieren! (Bei zu niedrigen Temperaturen entsprechend umgekehrt verfahren!)
- Ist die Luftfeuchtigkeit zu hoch: weniger sprühen, evtl. einen Ventilator installieren, um bei Bedarf die feuchte Luft absaugen zu können!
- Ist die Luftfeuchtigkeit zu niedrig: häufiger sprühen!
- Prüfen Sie, wenn Sie die Temperaturen und die Luftfeuchtigkeit messen, auch den Luftstrom im Terrarium. Die durch die Beleuchtung oder Heizung erwärmte Luft innerhalb des Terrariums entweicht durch das obere Lüftungsfeld (Entlüftungsfeld) und zieht durch das seitliche Feld (Belüftungsfeld) Außenluft herein. Halten Sie eine brennende Zigarette an das Belüftungsfeld, und verfolgen Sie den Weg des Zigarettenrauchs!
- Ist die Luftströmung zu stark, d.h. entweicht der Qualm unverzüglich durch das Entlüftungsfeld: Belüftungsfeld teilweise abkleben!
- Ist keine Luftströmung zu erkennen: Ventilator zum Absaugen der Luft am Entlüftungsfeld installieren!

Später, wenn das Terrarium mit Tieren besetzt ist, sollten Sie die gemessenen Klimawerte hin und wieder zu den gleichen Tageszeiten überprüfen. Anhand Ihrer Aufzeichnungen können Sie außerdem jederzeit feststellen, wann die Lampen das letzte Mal getauscht wurden, wann die Tiere gebalzt oder Eier gelegt haben etc.

Die Pflege

Obwohl man mit Terrarientieren keine Spaziergänge machen muss wie mit einem Hund, und sich auch nicht intensiv mit ihnen beschäftigen muss wie mit den meisten anderen Haustieren, macht ihre Haltung und Pflege Arbeit! Beispielsweise kostet es einiges an Zeit, den Lebensraum der Terrarienbewohner sauberzuhalten. Faulen-

Tipp:
Legen Sie sich ein Terrarientagebuch an und tragen Sie darin alle gemessenen Daten und Ihre Beobachtungen ein.

Tipp:
Wenn das Leitungswasser in Ihrer Region sehr kalkhaltig ist, sollten Sie zum Besprühen der Pflanzen nur abgekochtes Wasser verwenden.

de Pflanzenteile müssen genauso regelmäßig entfernt werden wie Futterreste und der Kot der Tiere. Andernfalls fühlen sich die Pfleglinge nicht wohl und außerdem drohen Krankheiten.
In der freien Natur übernehmen die zahllosen Kleinstlebewesen die »Müllentsorgung«, in dem geschlossenen System Terrarium ist das Ihre Aufgabe.

Welche Arbeiten bei der Unterhaltung eines Zimmerterrariums anfallen und wie oft, darüber gibt die nachfolgende Tabelle Auskunft.

Wichtiger Hinweis:
Bei Reinigungsarbeiten innerhalb des Terrariums, dazu gehört auch das Scheibenputzen, dürfen Sie niemals irgendwelche Reinigungsmittel verwenden.

Falsche Landkarten-Höckerschildkröte (Graptemys pseudogeographica kohnii) – Jungtiere wie dieses werden häufig im Zoohandel angeboten

Pflegeaufwand bei verschiedenen Zimmerterrarien

	Sumpf	Wald	Regenwald	Savannen	Steppen Wüsten
Besprühen der Pflanzen und Einrichtung	t	T	T	T	T
Füttern der Jungtiere	T	T	T	T	T
Füttern erwachsener Tiere	t	t	t	t	t
Wasserwechsel im Wassernapf	-	T	T	T	T
Wasserstand im Wasserteil auffüllen	W	-	W	-	-
Entfernen von Futterresten und Kot	B	B	B	T	T
Lampen reinigen	W	W	W	W	W
Leuchtstofflampen gegen neue auswechseln	J	J	J	J	J
Scheiben putzen	B	t	T	B	B
Pflanzen gießen	-	-	B	W	W
Abgestorbene Blätter entfernen	B	B	B	B	B
Pflanzen auslichten	H	H	H	-	-
Bodensubstrat anfeuchten	-	-	-	B	B
Bodensubstrat erneuern	J/B	J	B	H	H
Wasserteil reinigen	H/B	-	B	-	-

Symbole: bei Bedarf (B), täglich (T), alle 2–3 Tage (t), wöchentlich (W), halbjährlich (H), jährlich (J).

Kapitel 4

Kleine Futterkunde

Mit Ausnahme ausgesprochener Nahrungsspezialisten, die man Neueinsteigern nicht empfehlen kann, sind alle im Terrarium gepflegten Tiere grundsätzlich abwechslungsreich zu füttern. Wenn landlebende Frösche, aber auch Geckos, Anolis und Echsen immer nur Fliegen, Landschildkröten immer nur Salat oder Wasserschildkröten immer nur Rindfleischstückchen als Futter erhalten, stellen sich bei ihnen bald Mangelerscheinungen und -krankheiten ein.

Wichtiger Hinweis:
Vor dem Verfüttern sind Pflanzen, vor allem aber Futtertiere, mit einem Vitamin/Mineralstoff-Präparat zu bestäuben (z. B. Reptovit, Vitakalk, Multibionta etc.), das man im Zoofachhandel oder in einer Apotheke erhält.

Rollschwanzleguan (*Leiocephalus carinatus*). Er ernährt sich von Regenwürmern und Insekten

T*ipp:*

Manche Echsen, vor allem aber Landschildkröten, verzehren auch gerne gequollene Weizenkeime, gekochte Kartoffeln und angefeuchtete Haferflocken.

Vegetarische Kost

Generell sind Pflanzenfresser einfacher zu ernähren als Fleischfresser, da im Obst- und Gemüsehandel immer eine reichhaltige Palette an Futterpflanzen zur Verfügung steht. Vielleicht haben Sie auch einen eigenen Garten, in dem Sie während der Sommermonate verschiedene Gemüse- und Obstsorten anbauen. Allerdings ist bei der Futterbeschaffung für die vegetarischen Pfleglinge unbedingt auf einige Punkte zu achten:

- Kaufen Sie möglichst nur ungespritzte Ware. Gespritztes Obst muss unbedingt geschält werden
- Pflücken Sie Wildkräuter nur weitab von stark befahrenen Straßen und nicht auf frischgedüngten Weiden
- Waschen Sie Obst und Gemüse stets gründlich lauwarm ab, und zerteilen Sie es in kleine Stücke, oder raspeln Sie es.

Einen Überblick über geeignete vegetarische Futtermittel gibt die nachfolgende Übersicht. Wie der Speiseplan für eine bestimmte Tierart aussieht, erfahren Sie im Kapitel »Tiere für das Terrarium« (S. 88 ff.).

Vegetarische Kost

Wildkräuter	**Salate**	**Wasserpflanzen**	**Gemüse**	**Obst**
Wegerich, Löwenzahnblätter und -blüten, Klee, gehackte Brennessel, Huflattichblüten	Feld-, Pflück-, Endivien-, Kopfsalat	Wasserpest *(Elodea spec.)*, Wasserlinsen *(Lemna spec.)*, Indischer Wasserfreund *(Hygrophyla spec.)*, Sumpfschraube *(Vallisneria spec.);*	Möhren, Chinakohl, Bohnen, Spinat, Kohlblätter, Kohlrabi, Rüben, Mangold, Tomaten, Paprika, Gurken	Äpfel, Birnen, Pflaumen, Kirschen, Bananen, Melonen, Erdbeeren

Futter für Fleischfresser

Terrarientiere, die sich von tierischer Kost ernähren, verlangen sehr häufig auch noch, dass es sich dabei um bewegliche Beute handelt, die aufgespürt, verfolgt, gejagt und erbeutet werden muss, da dies zum Ernährungsverhalten der Tiere gehört. Schließlich ist es auch ein Erlebnis für den Terrarianer, einen Laubfrosch dabei zu beobachten, wie er eine Fliege oder Wachsmotte anvisiert, sich zum Sprung vorbereitet und gezielt die Beute erhascht. Weniger geschmackvoll finde ich persönlich aber das Verfüttern von Wirbeltieren, wie Fröschen, »Futtergeckos«, Mäusen, Ratten oder Kaninchen. Diese Tiere stehen beispielsweise auf der Speisekarte von großen Reptilien wie Krokodilen und Würgeschlangen. Um den Besuchern den wenig

Futter für Fleischfresser

Lebendfutter	**Nichtlebendfutter**
Regenwürmer (sehr nähr- und mineralstoffreich)	Rindfleisch (Herz und Muskelfleisch roh, zerkleinert)
Nackt- und Gehäuseschnecken	Putenfleisch (roh oder gekocht, zerkleinert)
Insekten (»Wiesenplankton«, Wachsmotten, Fruchtfliegen, Stubenfliegen, Heimchen, Grillen)	Dosenfutter für Katzen und Hunde
Fische (Köderfische aus dem Anglerbedarfsgeschäft, aber auch Guppys, Schwertträger, Platys)	Fische (s. linke Spalte) getrocknet
Tubifex (rote Bachröhrenwürmer)	Süßwasserfischstückchen getrocknet
Mücken- und andere Insektenlarven	
Kleinkrebse *(Daphnia spec., Cyclops spec., Gammarus pulex)*	

erfreulichen Anblick des Todeskampfes dieser Futtertiere zu ersparen, füttern zoologische Gärten entsprechende Pfleglinge außerhalb der Besuchszeiten.

Wichtiger Hinweis:
Das Verfüttern heimischer Frösche ist verboten, und das Verfüttern von Mäusen, Ratten oder Kaninchen aus der Natur ist nicht unproblematisch: Durch sie können nicht nur Krankheitserreger eingeschleppt, sondern die Terrarientiere durch die wehrhaften Nagetiere auch verletzt werden.

Nicht alle Fleischfresser verlangen jedoch, dass sich ihre Beute noch bewegt, z.B. Schildkröten und Dornschwanzagamen spüren ihre Nahrung vorwiegend mit dem Geruchssinn auf. Unter ihnen gibt es auch viele Arten, die neben tierischer auch pflanzliche Nahrung zu sich nehmen, sie benötigen also eine Mischkost. Welches Futter für die Tierart, die Sie pflegen möchten, das richtige ist, erfahren Sie im Kapitel »Tiere für das Terrarium« (S. 88 ff.). Einen Überblick über mögliche Futtermittel für Fleischfresser gibt die nachfolgende Übersicht.

Futtertiere und ihre Zucht

Wiesenplankton

Wenn Sie in einer ländlichen Gegend leben, in der es auch noch chemisch unbehandelte Wiesen gibt, dann haben Sie im Sommer die Möglichkeit, sogenanntes Wiesenplankton – ein besonders abwechslungsreiches Futter – zu fangen. Dazu streifen Sie mit einem möglichst großvolumigen Kescher vorsichtig durch eine Wiese. Anschließend werden sich eine Menge flatternder und krabbelnder Kleinlebewesen (Spinnen, Insekten und deren Larven) in dem Netz befinden. Dieses Gewimmel bezeichnet man als Wiesenplankton. Wenn Sie nur kleine Futtertiere benötigen, dann öffnen Sie kurz den Kescher, und entlassen Fliegen, Falter und Heuschrecken.

Wichtiger Hinweis:
Wehrhafte Insekten wie Wespen und Bienen sowie größere Spinnen können den Terrarientieren gefährlich werden und sollten daher nicht gesammelt werden.

Die »verwertbare Beute« schütten Sie anschließend in eine Plastiktüte oder eine weithalsige Flasche und verschließen das jeweilige Aufbewahrungsgefäß sofort. Nach einigen weiteren »Streifzügen« ist genug Futter beisammen, denn auf jeden Fall sollten Sie nur so viel sammeln, wie Sie mit einem Mal verfüttern.

Die Zucht von Insekten

Wiesenplankton eignet sich nur für relativ kleine Terrarienbewohner und steht zudem nur über die Sommermonate zur Verfügung. Daher werden Sie um die Futtertierzucht über kurz oder lang nicht herumkommen. In Zoohandlungen, die auch Amphibien und Reptilien im Angebot haben, können Sie in der Regel auch die entsprechenden Futtertiere erwerben, mit denen Sie dann ihre Zucht starten.

Fruchtfliegen (*Drosophila melanogaster*)

Diese nur 2–2,5 mm großen Fliegen werden vor allem an Pfeilgiftfrösche oder andere klein bleibende Froscharten verfüttert. Bei der Zucht treten neben flugfähigen auch immer flugunfähige Fruchtfliegen auf, denen man beim Züchten den Vorzug geben sollte, da sie von kleinen Bodenbewohnern besonders gut zu erbeuten sind. Die Fruchtfliegenzucht ist recht einfach.

Man benötigt einige Kunststoffbecher (Joghurtbecher mit 250 ml Volumen), die man etwa

Grillen (Abb. links) und Heimchen werden häufig als Futtertiere eingesetzt

2 cm hoch mit einem Nährbrei füllt.

Als Grundsubstanz für den Nährbrei verwendet man käuflichen Früchte-, Milch- oder Grießbrei, der gemäß den Verpackungsangaben zubereitet wird. Anschließend reichert man den Brei mit einer Messerspitze Hefe und einem Multivitaminpräparat an und füllt ihn portionsweise in die Kunststoffbecher. Auf die Oberfläche des Futterbreies wird dann noch etwas NIPAGIN (aus der Apotheke) gestreut, um den Brei vor dem Verpilzen zu bewahren.

Auf den Brei gibt man zum Schluss einige Holzwollefasern oder einige Streifen Papier, auf denen die Fruchtfliegen herumkrabbeln können.

Nun überführt man 20–30 Fruchtfliegen in jeden Becher und verschließt jedes Gefäß oben mit einem Stück Gaze (oder einem Nylonstrumpf) und einem Gummiband.

Tipp:
Damit der Futterbrei nicht zu trocken wird, sollten Sie ihn regelmäßig besprühen!

An einer etwa 25 °C warmen Stelle untergebracht, gedeihen die Fruchtfliegen gut, sie paaren sich und beginnen bald mit der Eiablage. Die aus den Eiern schlüpfenden Larven fressen sich regelrecht durch den Nährbrei: Nach spätestens 3 Wochen können die ersten neuen Fruchtfliegen aus dem Becher in das Terrarium geschüttelt werden.

Von nun an kann man ständig »ernten«, wenn man die Zuchtansätze ca. alle 3 - 4 Wochen wieder erneuert.

Stubenfliegen *(Musca domestica)*

Die Zucht von Stubenfliegen ist ebenfalls recht einfach:

Man hält die Fliegen in einem großen Behälter mit Gazedeckel (z. B. Plastikbecken, Gurkenglas) oder einem Holzrahmenkäfig mit gazebespannten Seiten und Deckel.

Als Futter bietet man ihnen Zuckerwasser und süßes Obst an.

Auf den Behälterboden stellt man die Eiablageschalen. Hierzu eignen sich besonders gut 500 g fassende Margarinebecher aus Kunststoff, die man etwa zur Hälfte mit Madenfutter füllt.

Als Futter für die Maden rührt man einen krümeligen Brei aus Weizenkleie und Quark.

Haben die Fliegen genügend Eier auf dem Brei abgelegt, wird der Kunststoffbehälter entnommen, mit einem Gazedeckel versehen und durch einen neuen Behälter ersetzt.

Bei Temperaturen um 27 / 28 °C entwickeln sich die Maden gut und verpuppen sich nach einiger Zeit.

Für diese kleinen tropischen Frösche (Abb. links: Erdbeerfrosch [Dendrobates pumilio], Abb. rechts: Goldbaumsteiger [Dendrobates auratus]) scheiden ausgewachsene Grillen und Heimchen als Futtertiere aus

Die Puppen müssen abgetrocknet werden und können in Gläsern kühl aufbewahrt werden.

Bringt man die Puppen in einen wärmeren Raum, schlüpfen bald die Fliegen. Sie erhalten einige Tage Futter und sind vor dem Verfüttern mit Mineralstoffen zu bestäuben.

Wachsmotten *(Galleria mellonella)*

Bei diesen Insekten verfüttert man hauptsächlich die Raupenstadien. Für die Zucht von Wachsmotten musste man in der Vergangenheit immer guten Kontakt zu einem Imker haben, denn als Nahrung verlangen die Raupen in der Natur gewöhnlich Bienenwaben.

Als Zuchtbehälter eignen sich 5- bis 10-Liter-Kunststoffeimer mit Deckel, in dem sich ein Lüftungsfeld mit Metallgaze befindet.

Können keine Bienenwaben aufgetrieben werden, lässt sich ersatzweise ein Nahrungsbrei herstellen. Er setzt sich aus Honig (1000 g), Glycerin (500 g), Trockenhefe (100 g), Kükenaufzuchtfutter (1000 g) und Kleie (200 g) zusammen. Das Ganze wird gut miteinander vermischt.

Den Brei füllt man in Margarinebecher und stellt diese in die Eimer.

Nun schüttet man einen Ansatz von 30 – 40 Wachsmotten hinzu und stellt den Zuchtbehälter anschließend an einen Platz mit Temperaturen um 25 – 28 °C.

Aus den Eiern schlüpfen nach etwa 2 Wochen die ersten Raupen, die gleich verfüttert werden können. Erst nach über 40 Tagen schlüpfen die Wachsmotten.

Tipp:
Um die Insekten mit dem Vitamin- und Mineralstoffpräparat bestäuben zu können, sollten Sie die Dose mit den Futtertieren vorher für einige Minuten in den Kühlschrank stellen. Durch die niedrigen Temperaturen sind die Insekten dann in ihrem Bewegungsvermögen erheblich eingeschränkt und können gut eingestäubt werden. In der Wärme des Terrariums werden sie schnell wieder aktiv.

Mittelmeergrillen
(Gryllus bimaculatus) und
Heimchen *(Acheta domestica)*

Beide gehören zu den bewährten Futtertieren, ihre Haltungsbedingungen sind identisch:

- Gut geeignete Zuchtbehälter sind Aquarien oder Kunststoffterrarien mit Gazedeckel. Als Bodengrund eignet sich Sand. Die Umgebungstemperatur sollte bei etwa 30 °C liegen.
- Täglich erhalten die Grillen bzw. Heimchen in einer Futterschale etwas Obst, Gemüse, Haferflocken oder Löwenzahnblätter.
- Als Eiablageplatz für die legebereiten Weibchen eignen sich Schalen mit einem Durchmesser von etwa 10–20 cm, die ungefähr 7–8 cm hoch mit einem leicht feuchten Sand-Erde-Gemisch gefüllt sind. Täglich ist zu sprühen.
- Als Verstecke und Häutungshilfen gibt man Eierkartons oder Pappröllchen in das Zuchtbecken. Diese Röllchen dürfen aber nur so groß sein, dass die Insekten dort so eben hineinpassen.
- Wöchentlich tauscht man die Legeschalen gegen neue aus.
- Die mit den Insekteneiern durchsetzten Schalen überführt man in einen eigenen Aufzuchtbehälter. Hier erhalten die bald schlüpfenden kleinen Grillen bzw. Heimchen das gleiche Futter wie erwachsene. Bei der geschilderten Vorgehensweise stehen immer Tiere in verschiedenen Größenstadien zum Verfüttern zur Verfügung.

Natürlich gibt es noch einige andere züchtbare Futtertiere und hierüber natürlich auch eigene Bücher. So sind beispielsweise Regenwürmer ein beliebtes Futter vieler Terrarienbewohner. Wer einen eigenen Garten hat, kann darin nach Regenwürmern graben, Anglerbedarfgeschäfte bieten sie auch an. Dort erhalten Sie übrigens auch Maden verschiedener Fliegenarten, die sich im Kühlschrank längere Zeit halten, an einem wärmeren Platz aber nach einiger Zeit verpuppen. Wenn schließlich daraus die Fliegen schlüpfen, so sollten diese – wie alle Futtertiere – mit Mineralstoffen und Vitaminen bestäubt und erst dann verfüttert werden.

Wichtiger Hinweis:
Halten Sie die Behälter der Futtertiere immer gut unter Verschluß. Entkommene Raupen der Wachsmotte können in Gardinen, Polstermöbeln und Büchern Schäden anrichten. Entwichene Heimchen können sich im Gegensatz zu Grillen auch in Wohnräumen vermehren und dort sehr lästig werden.

Wann und wie viel sollte man füttern?

Grundsätzlich sollte man die Tiere kurz nach Beginn ihrer Aktivitätsphase füttern, d.h. tagaktive entsprechend morgens, nachtaktive erst bei Dunkelheit. Auch erhalten die meisten Terrarienbewohner nur so viel, wie sie innerhalb kürzester Zeit verzehren können, denn Futterreste belasten bei ihrer Zersetzung unnötig die Luft oder das Wasser. Erwachsenen Tieren sollte man darüber hinaus in der Regel nur alle 2–3 Tage Futter anbieten. Ein Überangebot kann nämlich leicht zur Verfettung führen, und dann sind die Tiere oft nicht mehr fortpflanzungsfähig. Von dieser Fütterungsweise müssen allerdings viele Jungtiere und einige kleine Arten, wie z. B. Pfeilgiftfrösche ausgenommen werden. Sie benötigen ein ständiges Nahrungsangebot.
Solange es sich bei der Nahrung um Fruchtfliegen *(Drosophila)* handelt, ist es unproblematisch, wenn sich das »Lebendfutter« längere Zeit im Terrarium aufhält. Nicht gefressene Grillen oder Heimchen können sich allerdings im Terrarium an einer günstigen Stelle verbergen und mit der Zeit an Größe zulegen. Werden sie dann in der Dämmerung aktiv, kann es dazu kommen, dass sie kleinere, schlafende Reptilien oder Amphibien annagen, vor allem, wenn diese durch die oft kühleren Nachttemperaturen weniger beweglich sind.

Züngelnd sucht die Strumpfbandnatter (Thamnophis sirtalis) nach Nahrung

Kapitel 5

Tiere für das Terrarium

Grundsätzlich sollte man sich vor dem Kauf der Tiere genau über deren Lebensweise und Bedürfnisse informieren. Wenn der Händler nicht genau sagen kann, woher die Tiere stammen und wie sie zu halten, pflegen und züchten sind, sollten Sie die Finger von ihnen lassen. Auch wenn sich herausstellen sollte, dass Sie Ihren »Wunschtieren« keine optimalen Haltungsbedingungen bieten können, z. B. weil nicht genug Platz vorhanden ist, müssen Sie auf andere Arten ausweichen. Ist die Entscheidung für die zukünftigen Terrarienbewohner dann schließlich gefallen, sollten Sie nur Tiere erwerben, die einen vitalen Eindruck machen und auch Nahrung aufnehmen.

Im folgenden werden in Kurzmonographien einige Amphibien und Reptilien vorgestellt, die auch von einem Neueinsteiger erfolgreich gepflegt und vermehrt werden können. Darüber hinaus gibt es natürlich noch viele andere geeignete Amphibien und Reptilien. Man muss sich nur gewissenhaft über deren Lebensweise und Bedürfnisse informieren.

Stirnlappenbasilisken (Basiliscus plumifrons) werden häufig angeboten. Sie benötigen aber sehr große Terrarien, da sie eine Körperlänge von über 90 cm erreichen

Amphibien (Lurche)

Die Vertreter dieser Wirbeltierklasse zeichnen sich durch ihren im Larvenstadium an das Leben im Wasser und anschließend gewöhnlich an das Landleben angepassten Körperbau aus. Als Larven haben sie Kiemen und nehmen damit Sauerstoff aus dem Wasser auf, als Landbewohner besitzen sie meist einfach gebaute Lungen. Die Umwandlung (Metamorphose) ist sehr kompliziert, die Amphibienaufzucht im Terrarium verlangt daher unsere besondere Aufmerksamkeit. Alle Lurche verzehren als erwachsene Tiere nur lebende, als Larven auch schon einmal pflanzliche Nahrung. Da Lurche zusätzlich über ihre Haut Sauerstoff aufnehmen können, ist diese meist sehr dünn und damit ein schlechter Verdunstungsschutz. Deshalb benötigen viele Arten, um nicht auszutrocknen, eine hohe Luftfeuchte in ihrer Umgebung. Amphibien sind wechselwarme Tiere, d. h., ihre Körpertemperatur ist immer von der Außentemperatur abhängig. Zu warme, trockene, aber auch zu kalte Zeiten überdauern sie oft an feuchten, kühleren Stellen. In den Tropen leben besonders viele Lurcharten, da ihnen das feucht-warme Klima optimale Bedingungen bietet.

Gegen Hautparasiten und mögliche Fressfeinde sind zahlreiche Arten gut geschützt. Ihre drüsenreiche

Chinesische Rotbauchunke (*Bombina orientalis*)

Haut sondert Stoffe ab, die auf andere Lebewesen toxisch wirken können. Diese Gifte sind in ihrer Wirkung sehr unterschiedlich, vielen von uns sind sie vor allem von den sogenannten Pfeilgiftfröschen bekannt.

Wichtiger Hinweis:
Haben Sie Amphibien angefasst, sollten Sie sich immer die Hände waschen, da es sonst zu Hautreizungen kommen kann.

Obwohl man 3 Amphibiengruppen unterscheidet, spielen in der Terraristik lediglich die Schwanzlurche (Caudata/Urodela) und die Froschlurche (Salientia/Anura) eine größere Rolle. Von ihnen gibt es 15 mm aber auch 150 cm große Formen.
Vor allem Arten aus den gemäßigten Klimabereichen legen im Winter eine Ruhephase (Winterstarre) ein, die man auch den im Terrarium gehaltenen Tieren ermöglichen sollte. Bei den im folgenden vorgestellten Arten ist daher jeweils vermerkt, ob sie eine Ruhephase benötigen und wenn ja, wie diese organisiert werden soll.

Schwanzlurche

Im Gegensatz zu den übrigen Gruppenmitgliedern haben diese Lurche auch im Erwachsenenstadium noch einen gut entwickelten, häufig mehr als körperlangen Schwanz. Schwanzlurche benötigen immer eine feuchte Umgebung und versammeln sich in der Natur oft in großer Individuenzahl an einem traditionellen Überwinterungplatz. Die Befruchtungsweise ist bei ihnen innerhalb der Wirbeltierklasse einzigartig, da trotz fehlenden Begattungsorgans eine innere Befruchtung der Eier erfolgt. Hierzu setzt das Männchen seinen Samen mit einem Samenträger (Spermatophore) ab, den das Weibchen anschließend mit der Kloake aufnimmt. Häufig verständigen sich die Geschlechtspartner zuvor durch ein arttypisches Balzverhalten über den Zeitpunkt der Spermatophorenübergabe. Viele Schwanzlurchweibchen legen später die befruchteten Eier im Wasser ab, aber es gibt auch Arten, bei denen die gesamte Entwicklung – vom Ei bis zum fertigen Individuum – im Körper des Weibchens erfolgt, wie z. B. beim heimischen Alpensalamander *(Salamandra atra)*.

Wichtiger Hinweis:
Da viele Schwanzlurche ihrem Nachwuchs nachstellen, sind ihre Eier, Larven und Jungtiere rechtzeitig zu bergen und in ein eigenes Aufzuchtbecken zu überführen.

Burma-Krokodilmolch
(Tylototriton verrucosus)
Abbildung siehe Seite 58

Aussehen: bis 18 cm. Massiger, plump wirkender Schwanzlurch mit bräunlicher bis schwärzlicher Grundfarbe. Kopf breit und vom Rumpf deutlich abgesetzt. Ein halbkreisförmiger Knochenwulst zieht an beiden Seiten von der Schnauzenspitze über den Kopf bis zu den Hinterkopfdrüsen. Entlang der Rückenmitte bis zur Schwanzwurzel zieht ein weiterer Knochenwulst. Daneben befindet sich je eine Reihe von 13 – 15 knopfartigen Drüsen. Diese Drüsen und die Knochenwülste sind ebenso gelblich bis ziegelrot abgesetzt wie die Gliedmaßen und der seitlich etwas zusammengedrückte Schwanz. Männchen haben einen etwas größeren Kloakenwulst.

Verbreitung: China (Jünnan), N-Burma, Sikkim und N-Thailand.

Lebensraum: dichte Waldgebiete.

Lebensweise: Die dämmerungs- und nachtaktiven Molche halten sich vor allem unter Falllaub, Steinen oder morschem Fallholz auf. In der Fortpflanzungszeit begeben sie sich in kleine Gewässer. Zu dieser Zeit sind die Tiere auch tagsüber aktiv.

Terrarium: Waldterrarium mit Wasserteil, Sumpfterrarium.

Einrichtung: Buchenwalderde als Bodengrund, Moospolster, Moorkienwurzel oder hohl liegendes Rindenstück als Versteckmöglichkeit. In der Fortpflanzungszeit ist ein Wasserteil mit Wasserpflanzen erforderlich.

Temperaturen: Luft: 20 – 23 °C, Wasser: 22 – 24 °C.

Futter: Regenwürmer, kleine Nacktschnecken, Asseln, Rote Mückenlarven, glatte Raupen.

Haltung: Den Tag verbringen die Tiere meist in ihrem Versteck, das sie gewöhnlich am späten Nachmittag verlassen, um auf Nahrungssuche zu gehen. Sprüht man am frühen Nachmittag, erscheinen die Molche oft vorzeitig. Im Januar/Februar lässt man die Temperatur im Terrarium auf etwa 15 °C sinken. Nun legen die Tiere eine Futterpause ein und verbleiben in ihrem Versteck. Leichtes Sprühen ist auch dann noch erforderlich.

Zucht: Anfang April wird die Temperatur langsam wieder erhöht und häufig gesprüht. Bald suchen die Molche den Wasserteil auf. Das Weibchen nimmt mit seiner Kloake das Spermienpaket (Spermatophore) des Männchens auf und heftet einige Tage später bis zu 90 Eier einzeln an Wasserpflanzen oder Scheiben. Die Eier sind dabei an fadenähnlichen Gebilden befestigt.

Aufzucht: Die Eier werden geborgen und mit dem Wasser aus dem Wasserteil auf verschiedene Kunststoffdosen verteilt. Nach etwa 2 – 4 Wochen schlüpfen daraus die Larven. Auch sie benötigen wie bereits die Eier stets sauberes Wasser. Um es mit Sauerstoff anzureichern, bietet sich ein Aquariendurchlüfter mit Sprudelstein an. Die Larven ernähren sich am Anfang lediglich von sehr kleinen Wassertierchen, wie frisch geschlüpften Hüpferlingen *(Cyclops)* und Wasserflöhen *(Daphnia)*. Bis zur Umwandlung zum fertigen Jungmolch vergehen etwa 4 Monate.

Ähnlich zu haltende Art

- Fleckensalamander *(Ambystoma maculatum)*: 15 – 25 cm, Lufttemperatur 18–21 °C. Die Tiere sollten eine Winterruhe bei etwa 10 °C machen. Eier werden im Wasser in Paketen von ungefähr 100 Stück abgelegt. Larven schlüpfen nach 4 – 7 Wochen.

Froschlurche

Froschlurche besiedeln die unterschiedlichsten Lebensräume. Die Palette reicht von Regenwäldern bis Wüsten und von Tiefebenen bis in über 4000 m hohe Gebirgsregionen. Neben Arten, die sehr streng an das Wasser gebunden sind, gibt es auch solche, die weit entfernt vom nächsten Gewässer leben. Nach ihrer Metamorphose sind Froschlurche schwanzlos und haben im Gegensatz zu Urodelen auch deutlich kräftigere Hinter- als Vorderbeine. Daher sind viele von ihnen in der Lage, sich schnell fortzubewegen und gewaltige Sprünge auszuführen.

Der Laich wird je nach Art in kleinen Gruppen, Schnüren oder großen Ballen abgelegt. Daneben gibt es aber auch hochspezialisierte Froschlurcharten (Wabenkröten, Beutelfrösche u.a.) deren Fortpflanzungsstrategien davon stark abweichen.

Bei Froschlurchlarven (Kaulquappen) sind, im Gegensatz zu den Schwanzlurchen, äußere Kiemen höchstens kurz nach dem Schlüpfen vorhanden, außerdem erscheinen bei ihnen erst die Hinterbeine und dann die Vorderbeine.

Wichtiger Hinweis:

Bei der Aufzucht sehr vieler Froschlurchlarven ist ein regelmäßiger Wasserwechsel erforderlich, da sie Stoffe ausscheiden, durch die andere Larven geschädigt werden können. Etwa alle 2 – 3 Tage ersetzt man ein Drittel der Wassermenge durch gleichtemperiertes Frischwasser.

Krallenfrosch
(Xenopus laevis)

Aussehen: bis 11 cm. Oberseite hell- bis dunkelgrau und gefleckt. Kräftige Schwimmhäute, Krallen der Vorderbeine nach vorne gerichtet. Augen sitzen auf dem Kopf und sind leicht schräg nach oben gerichtet. Weibchen und Männchen unterscheiden sich nur undeutlich. Weibchen sind oft dicker als ihre männlichen Artgenossen.

Verbreitung: Afrika

Lebensraum: Gewässer mit dichtem Pflanzenwuchs.

Lebensweise: Die räuberisch lebenden Frösche sind streng an das Wasser gebunden und jagen unter Wasser kleinere Wasserinsekten und deren Larven, Kleinkrebse und Würmer. Sie stopfen ihre Beute mit den Vorderbeinen ins Maul. Bei der Paarung umklammert das Männchen das Weibchen im Lendenbereich. Dabei werden die Eier ausgestoßen, außerhalb des Weibchens befruchtet, und sinken zu Boden. Die Larven stehen meist leicht schräg im Wasser und filtern Futterpartikel aus dem Wasser.

Terrarium: Sumpfterrarium.

Einrichtung: Die Frösche benötigen keinen Landteil, allerdings unbedingt Wasserpflanzen!

Wassertemperatur: 20 – 25 °C.

Futter: Wasserflöhe, Mückenlarven, kleine Regenwürmer.

Haltung: Hängen Ampelpflanzen vom oberen Terrarienteil herunter bis in das Wasser, verbergen sich die Frösche gerne dazwischen. Die Tiere sollten sparsam gefüttert

Krallenfrosch
(Xenopus laevis)

werden, da sie leicht verfetten. Eine 4- bis 8-wöchige Ruhephase bei Wassertemperaturen zwischen 10-16 °C führt anschließend leichter zur Fortpflanzung.

Zucht: Nach Erhöhen der Temperatur laichen die Frösche manchmal spontan ab.

Aufzucht: Der Laich wird mit Wasser aus dem Wasserteil in ein eigenes Aufzucht-Aquarium gebracht. Nach etwa 2 Tagen schlüpfen die Larven, die man mit fein geriebenem Zierfisch-Trockenfutter füttert. Die Metamorphose erfolgt nach 40 – 50 Tagen.

Ähnlich zu haltende Arten

- Große Wabenkröte *(Pipa pipa):* bis 20 cm, graue bis braune Oberseite. Keine Krallen an den Hinterbeinen. An den Fingern Tastorgane (4 Strahlen mit je 4 Spitzen). Beim Laichen werden die Eier auf die Rückenhaut des Weibchens gedrückt und von dieser innerhalb von 2 Tagen überwachsen. Nach etwa 3 Monaten verlassen die Jungfrösche die Rückenhaut.
- Kleine Wabenkröte *(Pipa carvalhoi):* bis 6 cm, mittel- bis dunkelgrau. 3 Krallen an den Hinterbeinen. Fortpflanzung wie *Pipa pipa,* aus der Rückenhaut schlüpfen jedoch Kaulquappen, die man mit Zierfisch-Trockenfutter aufzieht.
- Zwerg-Krallenfrosch *(Hymenochirus boettgeri):* bis 4 cm, hell- bis mittelbraune, gefleckte Oberseite. Paar schwimmt in Rückenlage unter dem Wasserspiegel, laicht dabei ab – bis 1000 Eier möglich.

Zwergkrallenfrosch (Hymenochirus boettgeri)

Amerikanischer Laubfrosch
(Hyla cinerea)
Abbildung siehe Seite 97

Aussehen: bis 6,5 cm. Glatte Oberseite gewöhnlich grün bis blaugrün. Es können einige weißliche oder gelbliche Tupfen vorhanden sein. Ein weißliches oder gelbliches Band zieht an den Kopfseiten und den Flanken entlang bis zum Ansatz der Oberschenkel. Häufig ist dieses Band dunkel gesäumt. Männchen bleiben kleiner.

Verbreitung: SO-USA.

Lebensraum: Sträucher, Stauden und Bäume in der Nähe von Feuchtgebieten.

Lebensweise: Diese Frösche sind in der Dämmerung und nachts aktiv, jagen dann vor allem Insekten. Im Norden ihres Verbreitungsgebietes legen sie an frostsicheren Stellen eine Winterruhe ein. Danach geraten sie in Fortpflanzungsstimmung, laichen in nahen Gewässern ab.

Terrarium: hohes Sumpfterrarium.

Einrichtung: Kletteräste und hoch wachsende Pflanzen. Wasserpflanzen im Wasserteil. Für die Beleuchtung ist ein kleiner Wärmestrahler erforderlich.

Temperaturen: Luft: 22–28 °C, Wasser: 25 °C.

Futter: vor allem Fliegen, Wachsmotten, aber auch Grillen und Heimchen.

Haltung: Die Frösche verbringen oft den Tag auf einem Blatt oder Ast im Wärmekegel eines Strahlers. Futter erhalten sie am besten am späteren Nachmittag. Vor allem nach dem Ausschalten der Beleuchtung gehen sie auf die Jagd. Häufig suchen sie auch den Wasserteil auf, um über die Haut Feuchtigkeit aufzunehmen. Alle 2–3 Tage ist leicht zu sprühen.

Voraussetzung für die Zucht ist eine Winterruhe. Dazu lässt man die Frösche im Spätherbst etwa 2–3 Wochen fasten und Beleuchtung und Heizung ausgeschaltet. Anschließend setzt man die Tiere möglichst einzeln in größere Kunststoffdosen oder zu mehreren in 10-Liter-Kunststoffeimer, in denen sich feuchte Schaumstoffwürfel befinden. Der Boden muss leicht mit Wasser bedeckt sein. Dann wird der Behälter mit einem Deckel verschlossen und an einen etwa 5–6 °C kühlen Ort gestellt. Alle 2–3 Wochen sind die Frösche zu kontrollieren, und dabei gelangt Frischluft in den Behälter. Nach etwa 2–3 Monaten bringt man den Behälter in die Nähe des Terrariums, damit sich die Frösche langsam wieder an die höheren Temperaturen gewöhnen. Am folgenden Tag kann man sie in ihr Terrarium setzen und wieder Beleuchtung und Strahler einschalten. Von nun an sprüht man zweimal täglich ausgiebig, so dass die Luftfeuchtigkeit ansteigt.

Zucht: Nach Beendigung der Winterruhe hört man bald immer häufiger die Rufe der Männchen. Vor allem nachts versuchen sie, im Wasserteil ein Weibchen zu umklammern. Nach dem Ablaichen befinden sich zwischen den Wasserpflanzen mehrere kleine Laichballen, die man in ein kleines Aquarium überführt.

Aufzucht: Sobald die Larven frei schwimmen, werden sie mit Zierfisch-Trockenfutter, Salat- und Löwenzahnblättern gefüttert. Nach der Umwandlung verzehren die Jungfrösche kleines Lebendfutter.

Ähnlich zu haltende Arten

- Rotaugenfrosch *(Agalychnis callidryas):* 5 – 7 cm, Lufttemperatur von 25 – 30 °C (im Wasser 20 – 25 °C) erforderlich. Im Winter einige Wochen auf 20 – 25 °C absenken und seltener sprühen. Anschließend Temperatur wieder erhöhen und häufig sprühen. Die Art laicht bevorzugt unter großen Blättern (z. B. *Anthurie*), die über dem Wasser hängen. Kaulquappen fallen von dort ins Wasser und sind leicht in gesondertem Aquarium aufzuziehen.
- Königslaubfrosch *(Hyla regilla):* 2 – 5 cm, ein Laichballen umfasst 18 – 25 Eier. Von einem Weibchen sind insgesamt über 1000 Eier möglich. Kaulquappen auf viele Aquarien verteilen und täglich teilweisen Wasserwechsel vornehmen.
- Baumfrosch *(Smilisca baudinii, Abb. s. S. 44):* 7,5 – 9 cm. Einige Wochen trockener halten, anschließend täglich mehrmals sprühen. Der Laich bildet auf der Wasseroberfläche flache Klumpen, meist zusammenhängend als Oberflächenfilm. Es sind durchaus bis zu 600 Eier pro Laichakt möglich. Nach 24 Stunden schwimmen die ersten Larven frei, nach 18 Tagen sind die ersten Frösche fertig entwickelt.

Amerikanischer Laubfrosch (Hyla cinerea)

Schaumnest des Australischen Sumpffrosches (Abb. links), Kaulquappe mit Hinterbeinen (Abb. rechts)

Australischer Sumpffrosch ***(Limnodynastes peronii)***

Aussehen: bis 6,5 cm. Rücken rotbraun, schwarz gefleckt, Flanken heller, Bauch weißlich. Ein dunkles Schläfenband zieht vom Auge bis zu den Vordergliedmaßen. Die Frösche erinnern sehr an den heimischen Grasfrosch *(Rana temporaria)*. Die Weibchen sind dicker als die Männchen und entwickeln in der Brunftzeit keine Brunftschwielen wie die Männchen.

Verbreitung: O-Australien, N-Tasmanien.

Lebensraum: langsam fließende und stehende Gewässer.

Lebensweise: Die Art lebt stark an das Wasser gebunden.

Terrarium: Sumpfterrarium.

Einrichtung: Landteil mit Korkröhre oder hohl liegendem Rindenstück als Versteckmöglichkeit. Wasserstand etwa 4 – 5 cm. Schwimmpflanzen im Wasserteil.

Temperaturen: Luft: 20 – 28 °C, Wasser: 20 °C.

Futter: Insekten und Würmer.

Haltung: Bei dieser Art handelt es sich um genügsame Tiere, die man von Frühjahr bis Herbst auch in einem ausbruchsicheren Freiluft- oder Freilandterrarium halten kann. Sie verzehren alle möglichen Insekten und deren Larven, aber auch Regenwürmer. Im November läßt man die Temperatur auf etwa 15 °C sinken und erhöht sie erst wieder Anfang Februar.

Zucht: Bald nach dem Erreichen der höheren Temperaturen geraten die Frösche in Fortpflanzungsstimmung, und man hört immer wieder die Rufe der Männchen. Die Rufe (»Tock«) folgen etwa vierzig- bis fünfzigmal in der Minute und gehen oft in ein Knarren über. Bald umklammert das Männchen das Weibchen und dieses legt oft wenige Tage später die kleinen Eier. Zuvor hat es durch heftige Ruderbewegungen mit seinen sehr kräftigen Vorderbeinen und durch Schlagen auf die Wasserfläche zwischen

Schwimmpflanzen an der Wasseroberfläche ein Schaumnest gebaut. Als Hilfsmittel beim Bau dient ein Sekret, das das Weibchen in das Wasser abgegeben hat. In dem Schaumpolster befinden sich nun die Eier und die Oberfläche des Schaumnestes wird relativ fest. Das Männchen kann einige Tage später noch einmal mit weiteren Weibchen laichen.

Aufzucht: Um das im Durchmesser etwa 10 cm große Schaumnest vor Zerstörung zu schützen, schöpft man es mit einer Schale zusammen mit etwas Wasser ab und überführt es in ein Aquarium. Nach einiger Zeit löst sich das Schaumnest langsam auf, und schon nach 48 Stunden schlüpfen die etwa 6 cm langen Larven. Sie fressen vor allem am Boden liegende Futterteile (Zierfisch-Trockenfutter, aufgetaute Wasserflöhe und Mückenlarven, Salatblätter). Nach ca. 2 Monaten beginnt die Metamorphose. Die fertigen Jungfrösche sind etwa 15 - 17 mm lang und lassen sich mit kleinen Insekten leicht aufziehen. Unter optimalen Bedingungen können die Frösche schon nach einem halben Jahr geschlechtsreif sein.

Ähnlich zu haltende Arten

Tasmanischer Sumpffrosch *(Limnodynastes tasmaniensis):* bis 45 mm. Während der Umklammerung scheidet das Männchen ein schleimiges Sekret aus. Nun schlägt

Australischer Sumpffrosch (Limnodynastes peronii)

das Weibchen mit den Vorderarmen daraus einen Schaumhügel, in den es die 100 – 200 Eier legt.

Chinesische Rotbauchunke *(Bombina orientalis, Abb. s. S. 90):* bis 45 mm, sehr an das Wasser gebunden. Die Art verzehrt Regenwürmer und mittelgroße Insekten. Die Winterruhe kann wie beim Amerikanischen Laubfrosch (siehe S. 96) erfolgen. Weibchen laichen oft nach einem Wasserwechsel mit etwas kühlerem Wasser, legen dann 20–60 Eier am Boden und zwischen den Wasserpflanzen ab. Die Aufzucht der Kaulquappen sollte in einem Aquarium erfolgen. Da die Jungunken leicht ertrinken, müssen sie die Möglichkeit haben, an Land gehen zu können.

Erdbeerfrosch
(Dendrobates pumilio)
Abbildung siehe Seite 84

Aussehen: 1,8 – 2,4 cm. Rücken meist rötlich, oft mit schwarzen oder bläulichen Flecken besetzt. Bauch und Gliedmaßen ebenfalls rot, blau oder schwarz. Es gibt auch völlig abweichende Färbungen, Exemplare aus Panama mit blauem oder grünlichen Rücken und blauem oder weißem Bauch. Männchen manchmal mit dunkler Kehle.

Verbreitung: Nicaragua, Costa Rica, W-Panama (bis 960 m ü. NN).

Vor allem Flussufer der tropischen Regenwälder sind Lebensräume zahlreicher Amphibien- und Reptilienarten

Lebensraum: Regenwälder, aber auch Kakaoplantagen.

Lebensweise: Die Tiere sind Bodenbewohner, halten sich meist im Laubstreu der Bäume oder zwischen Steinen auf. Sie können an schräg stehenden Baumstämmen hochklettern, um Bromelientricher aufzusuchen. Die Männchen rufen fast täglich und beginnen beim Anblick eines Weibchens mit ruckartigen Tänzelbewegungen. Folgt dem Männchen ein laichbereites Weibchen, suchen sie gemeinsam einen geeigneten Laichplatz. Bevorzugt werden kleine Höhlen. Das Paar legt mehrere Gelege, jeweils aus 5 - 8, etwa 1,3 - 1,5 mm dicken Eiern bestehend, an. Alle Gelege werden vom Männchen regelmäßig befeuchtet. Dazu nimmt es in einem Bromelientrichter oder einer ähnlichen Wasseransammlung Flüssigkeit auf und entlässt diese über dem Laich wieder aus der Kloake. Nach etwa 2 Wochen schlüpfen die Kaulquappen, klettern einzeln auf den Rücken des Weibchens und werden nacheinander von ihm zu den wassergefüllten Blattachseln von Bromelien transportiert. In jede Blattachsel wird immer nur eine Larve abgesetzt. Später legt das Weibchen unbefruchtete »Nähreier« in diese Kleinstgewässer, von denen sich die Larven ernähren, bis ihre Metamorphose beendet ist.

Terrarium: Kleines Regenwaldterrarium.

Einrichtung: Buchenwalderde, Moospolster, Bromelienpflanze, halbierte Kokosnussschalen als Höhle.

Temperaturen: tagsüber 23 - 29 °C, nachts 20 - 22 °C.

Futter: Drosophila, Wachsmotten und deren Larven, kleine Grillen und Heimchen, Blattläuse; für Jungtiere auch Springschwänze.

Haltung: Man hält 1 Männchen und 2 Weibchen in einem Terrarium mit einer Grundfläche von 40 x 30 cm. Als Bodengrund eignen sich Blähtonkugeln oder lockere Buchenwalderde mit einigen Moospolstern darauf. In die Kunsthöhle legt man am besten eine kleine Uhrglas- oder Petrischale oder eine andere kleine flache Schale mit glatter Bodenfläche als Laichplatz. Eine Bromelie dient als Dekoration und ihre wassergefüllten Blattachseln dienen als Kleinstgewässer für die Larven. Andere Dendrobatiden nehmen auch einen kleinen Wasserteil an. Da eine hohe Luftfeuchtigkeit erforderlich ist. muss täglich gesprüht werden.

Zucht: siehe Lebensweise. Die Art kann sich fast ganzjährig fortpflanzen.

Der Färberfrosch (Dendrobates tinctorius) ist ähnlich zu halten wie die anderen hier beschriebenen Dendrobatiden

Aufzucht: im Terrarium der Elterntiere, da diese Brutpflege betreiben.

Ähnlich zu haltende Arten

- Dreifarbiger Baumsteiger *(Epipedobates tricolor, Abb. s. S. 8):* bis 2,4 cm, Weibchen legen die Eier in kleinen Gruppen gerne auf glatten Flächen ab. Männchen bewacht das Gelege und transportiert später die Kaulquappen auf dem Rücken zum Wasser. Aufzucht mit Zierfisch-Flockenfutter und zerkleinerten Mückenlarven.
- Goldbaumsteiger *(Dendrobates auratus, Abb. s. S. 85):* bis 4 cm, Weibchen legen 5–25 Eier. Später trägt das Männchen bis zu 3 Larven auf dem Rücken zum Wasser. Aufzucht mit Zierfisch-Flockenfutter und zerkleinerten Mückenlarven.
- Grüner Riesengiftfrosch *(Dendrobates trivittatus, Abb. s. S. 59):* bis 4,9 cm, die Art frisst auch kleine Grillen, Heimchen, Wachsmotten und Fliegen. Weibchen legen Eier auf glatte Fläche in Kunsthöhle. Alle Larven werden nach dem Schlupf gleichzeitig zum Wasserteil getragen. Aufzucht mit Zierfisch-Flockenfutter und zerkleinerten Mückenlarven.

Reptilien (Kriechtiere)

Reptilien unterscheiden sich von Amphibien durch ihre derbe, drüsenarme Haut. Ihre Körperoberfläche kann aus Hornschuppen, Hornplatten und teilweise aus einem Hornpanzer bestehen. Wie Amphibien sind auch Reptilien wechselwarm, d.h. im Wesentlichen von den Außentemperaturen abhängig. Es werden 4 Ordnungen unterschieden:

- Schildkröten *(Testudines)*
- Schnabelköpfe *(Rynchocephalia)*
- Schuppenkriechtiere *(Squamata)*. Zu ihnen gehören die Schlangen *(Serpentes)* und die Echsen (Sauria)
- Krokodile *(Crocodylia)*

Manche Reptilien gebären lebende Junge, die meisten legen jedoch dotterreiche Eier, die von einer kalkigen oder pergamentartigen Schale umgeben sind. Reptilieneier überführt man ohne Lageveränderung in einen Brutbehälter mit schadstofffreiem Vermiculite, Seramis oder auch mittelgrobem Kies als Substrat. Anschließend deckt man den Behälter mit einem leicht feuchten Tuch ab und stellt ihn an einen Platz, der Temperaturen zwischen 27 und 32° C aufweist. Oft ist auch eine hohe Luftfeuchtigkeit erforderlich. Einen einfach zu bauenden Brutbehälter zeigt die Abbildung unten.

Reptilien der gemäßigten Klimabereiche legen wie dort ansässige Amphibien ebenfalls in der kalten Jahreszeit eine temperaturabhängige Ruhepause (Winterstarre) ein. Die langsame Verminderung der Temperaturen im Herbst und die Winterstarre sind wesentliche Fak-

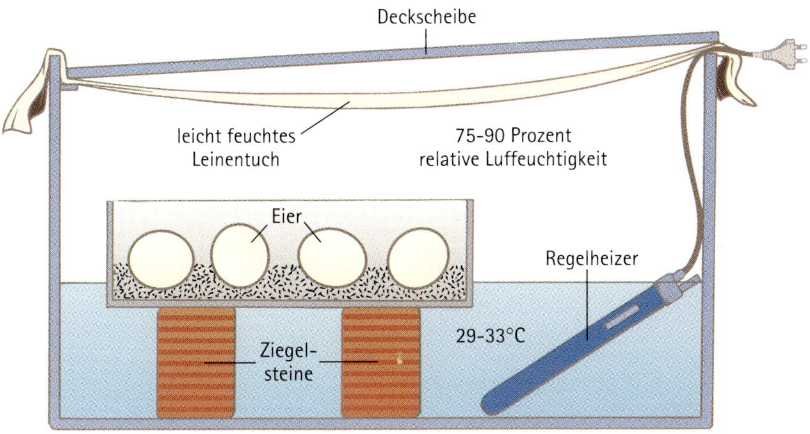

Einfach gebauter Brutapparat. Mittels regelbarem Aquarienheizstab stellt man die Wassertemperatur auf 29–33 °C ein. Das Leinentuch unterhalb der Abdeckscheibe dient als Tropfenfänger

toren, durch die diese Tiere hormonell auf die nächste Fortpflanzungsperiode eingestimmt werden. Daher ist das Einhalten der Ruhephase für sie auch bei der Haltung im Terrarium erforderlich, will man sie zur Fortpflanzung bringen. Deshalb sollte man im Terrarium die Temperaturen im Herbst stetig senken, in Freiland- und Freiluftterrarien geschieht dies von selbst. Die Pfleglinge werden dann zunehmend ruhiger, stellen bald die Nahrungsaufnahme ein und suchen einen Platz zum »Überwintern«. Die wenigsten haben jedoch die Möglichkeit, im Terrarium zu überwintern, daher überführt man sie im Herbst/Spätherbst in eine **Überwinterungskiste.** Diese Kiste muss luftdurchlässig sein, aber z.B. Nagern den Zugang unmöglich machen. Gefüllt wird die Überwinterungskiste mit leicht feuchtem Torfmoos (kein Torf!), Buchenlaub oder feuchten Schaumstoffwürfeln.

Wichtiger Hinweis:
Die Umgebungstemperatur muss etwa 5 °C (+/-1 °C) betragen. Daher muss die Überwinterungskiste in einem kühlen aber frostsicheren Keller stehen.

Bei der monatlichen Kontrolle feuchtet man bei Bedarf das Substrat wieder an. Mit dem Ansteigen der Temperaturen werden die Pfleglinge in der Kiste wieder munter und können in ihr Terrarium überführt werden.

Schildkröten (Testudines)
Schildkröten sind sehr altertümliche Reptilien, die alle wärmeren Regionen und große Teile der gemäßigten Zonen besiedeln. Bei den Schildkröten ist die Wirbelsäule weitgehend mit dem Panzer verwachsen und nur die Hals- und Schwanzregion sind noch mehr oder weniger frei beweglich.
Gewöhnlich sind die Gliedmaßen der Schildkröten mit freien, krallenbewehrten Zehen ausgestattet, die bei den Wasserschildkröten meist mit Schwimmhäuten verbunden sind. Landschildkröten erkennt man unter anderem auch daran, dass ihre Zehen zu Klumpfüßen verwachsen sind. Vor allem ihre Hinterfüße geben über die Lebensweise der Schildkröten häufig genaue Auskunft. So sind sie bei sehr stark an das Wasser gebundene Arten paddelförmig und die Zahl der Krallen ist stark reduziert.
Unter den Schildkröten gibt es Pflanzen- und Fleischfresser. Dabei gibt es hochspezialisierte Arten (z. B. Schneckenfresser, Fischfänger, Sukkulenten- und Sauergräserfres-

ser), die Mehrzahl ist aber in der Futterwahl als genügsam zu bezeichnen. Landschildkröten benötigen zur artgerechten Haltung ein großflächiges Terrarium, weshalb man Europäische Landschildkröten meist in Freilandterrarien hält. Wasser- und Sumpfschildkröten können dagegen je nach Größe und Stärke der Gruppe in überschaubaren Zimmerterrarien gehalten werden. Dennoch ist auch für sie – wenn es ihre Herkunft erlaubt – über die Sommermonate ein Aufenthalt im Teich eines Freilandterrariums optimal.

Sie genießen das Sonnenlicht und suchen im Teich neben dem ihnen angebotenen Futter nach Pflanzen, Schnecken und Insektenlarven.

Falsche Landkarten-Höckerschildkröte
(Graptemys pseudogeographica)

Abbildung siehe Seite 76

Aussehen: Männchen bis 14,6 cm, Weibchen bis 27 cm. Außerdem beim Männchen dickerer Schwanz und an den Vorderbeinen längere Krallen.

Rückenpanzer oliv bis braun, Rippenschilder mit netzförmiger Zeichnung. Randschilder mit hellen Linien. Mittelkiel endet auf dem 2. und 3. Wirbelschild in einem höckerartigen Sporn, der bei Jungtieren ausgeprägter ist. Bauchpanzer hellgelblich und mit dunkler, symmetrischer Figur. Gelbe Streifen auf dem sonst grauen bis olivfarbenen Hals, den Gliedmaßen und

Echte Landkarten-Höckerschildkröte (Graptemys geographica)

sonstigen Weichteilen. Charakteristischer gelber Hinteraugenfleck.
Verbreitung: USA.
Lebensraum: stehende und langsam fließende Gewässer.
Lebensweise: Die Art lebt stark an das Wasser gebunden, verlässt es nur zum Sonnenbaden und zur Eiablage. Die Weibchen legen 6–13 elliptisch geformte, etwa 38 mm lange Eier. Nach ca. 60–75 Tagen schlüpfen die Jungen.
Terrarium: Sumpfterrarium.
Einrichtung: großer Wasserteil, Landteil für Sonnenbäder und Eiablagen (siehe Abb. S. 56).
Temperaturen: Luft: 25–30 °C, Wasser: 25–27 °C.
Futter: Rindfleischstückchen, Regenwürmer und Futtersticks für Gartenteichfische.
Haltung: Pro erwachsenes Exemplar benötigt man einen etwa 50 x 50 cm großen und etwa 50 cm tiefen Schwimmraum. Der Platz für Sonnenbäder muss über einen Steg erreichbar sein und unter einem Strahler liegen. Man füttert die Schildkröten spärlich oder nur alle 2 Tage, damit sie nicht verfetten. Jungtiere erhalten täglich Futter. Erwachsene Tiere können die Sommermonate (Juni–August) in einer Freilandanlage verbringen.
Zucht: Im Spätherbst werden langsam die Temperaturen auf etwa 21–22°C und die Beleuchtungsdauer von 12–14 Stunden auf etwa 9 Stunden verringert. Nach 2 Monaten erhöht man langsam wieder die Temperaturen, und die Schildkröten geraten nun häufig in Paarungsstimmung. Einige Wochen nach der Paarung gräbt das Weibchen auf dem deutlich über der Wasseroberfläche liegenden Landteil eine etwa 15 cm tiefe Grube und legt dort die Eier hinein. Sie sind ohne Lageveränderung in einen Brutbehälter (Abb. s. S. 103) zu überführen und bei 27–31°C und hoher Luftfeuchtigkeit zu bebrüten. Nach ca. 60 Tagen schlüpfen die Jungen.
Aufzucht: Jungtiere hält man in kleinen Sumpfterrarien unter den gleichen Bedingungen wie die erwachsenen, lediglich bei etwas höheren Temperaturen (Wasser: 26–28 °C, Luft: ca. 30 °C). Als Futter kann man ihnen, neben dem oben genannten, Wasserflöhe und Mückenlarven geben.

Ähnlich zu haltende Arten

Buchstaben-Schmuckschildkröte *(Trachemys scripta, Abb. der Unterart T. scripta scripta s. S. 41; Abb. der Unterart T. scripta elegans s. S. 28)* 13–58 cm, von dieser Art gibt es viele Unterarten. Pro Gelege 2–22 Eier, 4–6 Gelege möglich.

- Echte Landkarten-Höckerschildkröte *(Graptemys geographica, Abb. s. S. 105):* 10 – 27 cm, pro Saison 3 Gelege möglich.
- Florida-Schmuckschildkröte *(Pseudemys floridana):* 20 – 40 cm, pro Gelege 12 – 29 Eier möglich.
- Fluss-Schmuckschildkröte *(Pseudemys concinna):* 24 – 40 cm, mehrere Gelege pro Saison möglich.
- Gelbe Sumpfschildkröte *(Mauremys mutica):* bis 18 cm, Weibchen legen 2 – 3 Eier.
- Nelsons Schmuckschildkröte *(Pseudemys nelsoni):* bis 34 cm, pro Saison 5 – 6 Gelege möglich.
- Zierschildkröte *(Chrysemys pica, Abb. der Unterart C. picta belli s. S. 32):* bis 18 cm, pro Saison 1 – 2 Gelege mit je 4 – 6 Eiern.

Griechische Landschildkröte *(Testudo hermanni)*

Aussehen: 20 – 30 cm. Rückenpanzer gelblichbraun, bräunlich oder gelblichgrün. Die einzelnen Schilder sind dunkel gerandet, Schwanzschild gewöhnlich geteilt, Schwanz mit hornigem Endnagel. Männchen besitzen dickeren Schwanz.

Verbreitung: S-Europa, W-Türkei.

Lebensraum: Buschlandschaften und Kulturflächen mit genügend Deckung und Versteckmöglichkeiten.

Lebensweise: Morgens sonnen sich die Tiere ausgiebig und gehen dann auf Nahrungssuche. Anschließend ziehen sie sich in schattige Verstecke, oft Höhlen zurück und erscheinen erst am späten

Griechische Landschildkröte (Testudo hermanni) bei der Eiablage (Abb. links); ein Jungtier beim Schlüpfen (Abb. rechts)

Nachmittag wieder. Im Frühjahr gehen die Tiere auf Partnersuche. Vor der Eiablage gräbt das Weibchen mit den Hinterbeinen eine Nistgrube und legt meist 3 – 6 Eier hinein.

Terrarium: großes Steppenterrarium (mind. 2 qm pro Tier), Freilandterrarium.

Einrichtung: sonnige und schattige Plätze erforderlich, außerdem eine Höhle oder Hütte und Büsche.

Lufttemperatur: 20 – 33 °C.

Futter: vorwiegend Pflanzenkost. Ab und zu verzehren sie aber auch einen Regenwurm.

Haltung: Die Schildkröten können von Ende Mai bis September im Freilandterrarium bleiben. Jungtiere hält man vorzugsweise in einem Zimmerterrarium, dessen Einrichtung man täglich leicht übersprühen sollte. Im Spätherbst sollte man die Tiere 2–3 Wochen fasten lassen und anschließend in handwarmem Wasser baden. Sie trinken dann und leeren ihren Darm. Anschließend überführt man sie in eine Überwinterungskiste (siehe S. 104). Man kann die Schildkröten auch in einem Keller-Lichtschacht überwintern, den man bis auf halbe Höhe mit Laub füllt und oben gut abdeckt, sodass keine Niederschläge eindringen können. Vom Kellerfenster aus kann man die Schildkröten stets kontrollieren. Ende März werden die Tiere in ihrer Kiste an einen wärmeren Ort gebracht und, nachdem sie munter geworden sind, in eine geschützte Freilandanlage gebracht.

Zucht: Ab Ende Mai sind Paarungen zu beobachten, bei denen das Männchen pfeifende Geräusche von sich gibt. Die abgelegten Eier überführt man ohne Lageveränderung in einen Brutbehälter. Bei Temperaturen um 28 – 32 °C schlüpfen nach etwa 2 Monaten die Jungen.

Aufzucht: Jungtiere müssen ein eigenes Terrarium erhalten. Darin schichtet man in einer Ecke einen leicht feuchten Torfmooshaufen auf, in den sich die Tiere verkriechen. Die Temperatur hält man auf 20 – 25 °C.

Ähnlich zu haltende Art

- Maurische Landschildkröte *(Testudo graeca, Abb. s. S. 16):* bis 30 cm. Die Art ist etwas empfindlicher gegen zu niedrige Temperaturen.

Echsen

Etwa die Hälfte aller derzeit auf der Erde vorkommenden Reptilienarten sind Echsen. Sie sind nahezu weltweit vertreten und besiedeln die unterschiedlichsten Biotope, von trockenen, heißen Wüsten bis zu den feuchtwarmen Regenwäldern.

Obwohl einige Arten auch in kühlere Breiten bzw. kühle Gebirgsregionen vordringen konnten, leben die meisten jedoch in den Tropen und Subtropen.

Unter den Echsen gibt es sowohl unterirdisch lebende, wühlende als auch streng auf der Bodenoberfläche lebende Arten. Viele Echsen sind geschickte Kletterer, einige davon können sogar Sturzgleitflüge durchführen. Manche Arten leben im und am Wasser und holen daraus ihre Nahrung. Etliche sind in der Dämmerung und Nacht aktiv (vor allem viele Geckos), die überwiegende Zahl aber am Tage.

Bei entsprechender Berücksichtigung ihrer Lebensweise sind die meisten Echsen recht gut im Terrarium zu halten. Lediglich ihre Zucht ist manchmal nicht ganz einfach.

Großer Madagaskar-Taggecko *(Phelsuma madagascariensis grandis)*

Abbildung siehe Seite 120

Aussehen: 28 – 30 cm. Leuchtend grüne Grundfärbung. Von den Nasenlöchern bis zum Auge zieht immer ein roter Strich. Oft auf dem Rücken große rote Flecken, die auch eine Barrenzeichnung bilden können. Männchen erkennt man an ihrer kräftigeren Statur und dem dickeren Kopf.

Verbreitung: N-Madagaskar, Nosy-Bé.

Lebensraum: vorwiegend auf Bäumen, aber auch auf Bananenstauden und an Häusern.

Lebensweise: Die Tiere sind tagaktiv. Die Art jagt alle möglichen Insekten, nascht aber auch gerne an süßem Obst. Männchen sind untereinander sehr unverträglich. Oft leben die Geckos paarweise an einem Baum. Die Eier – in der Regel sind es zwei – werden meist in Baumhöhlungen gelegt.

Terrarium: hohes Savannenterrarium

Einrichtung: Der Bodengrund ist unbedeutend. Als Klettermöglichkeit eignen sich dicke Bambusstäbe und kräftige Äste. Für die Bepflanzung kommen Sansevierien in Frage.

Temperaturen: tagsüber 25 – 28 °C, nachts 20 °C.

Ein Doppelei von Phelsuma madagascariensis grandis, darunter ein Jungtier

Futter: Grillen, Heimchen, Heuschrecken und andere Insekten, aber auch süßes Obst und Honig.
Haltung: Die Geckos sind nur paarweise zu halten. Dabei müssen beide Tiere etwa gleichgroß sein und sollten, wenn sie miteinander harmonieren, nicht wieder getrennt werden. Man darf ihnen nicht zu viele Süßspeisen geben, da sich dies negativ auf ihren Kalkhaushalt auswirkt. Täglich ist leicht zu sprühen. Die Geckos decken ihren Flüssigkeitsbedarf, indem sie die Wassertropfen auflecken.
Zucht: Das Balzverhalten der Männchen ähnelt dem Drohverhalten gegenüber anderen Männchen. Paarungswillige Weibchen zeigen ein deutliches Demutsverhalten. Vor allem nach Eiablagen sind Paarungen zu beobachten. Die beiden Eier werden bevorzugt in Höhlungen oder offene Bambusstäbe gelegt und kleben fest aneinander. Selten werden auch Einzeleier gelegt.
Aufzucht: Da die Eier oft nicht an einer Unterlage haften, kann man sie dem Eiablageplatz entnehmen und in einen Brutbehälter legen.
Bei einer Temperatur von 28 °C dauert es etwa 60 – 65 Tage, bis die ungefähr 65 – 70 mm langen Jungtiere schlüpfen. Sie sind mit kleinen Grillen, Heimchen, Fliegen und anderen Insekten leicht aufzuziehen. Man darf ihnen nur sehr selten süße Früchte anbieten, muss aber dem Futter regelmäßig Vitamine und Mineralstoffe zufügen.

Ähnlich zu haltende Arten

- Goldstaub-Taggecko *(Phelsuma laticauda):* bis 12 cm, sonnenhungrig.
- Madagaskar-Taggecko *(Phelsuma madagascariensis):* bis 28 cm.
- Streifen-Taggecko *(Phelsuma lineata):* bis 12 cm.

Leopardgecko
(Eublepharis macularius)

Abbildung siehe Seite 46

Aussehen: bis 25 cm. Auf dem Rücken befinden sich zahlreiche schwarzbraune Tupfen und Flecken auf gelblichem Grund. Der Schwanz ist rundlich und deutlich segmentiert. Auf der Unterseite der Zehenenden besitzt die Art kräftige Krallen. Die Tiere besitzen bewegliche Augenlider. Die Bauchunterseite ist stets weiß. Bei Weibchen kann man die Eier hindurchschimmern sehen. Männchen sind massiger gebaut und haben einen größeren Kopf.
Verbreitung: O-Iran, SO-Afghanistan, Pakistan, NW-Indien.
Lebensraum: steppenartige Gebiete, Felswüsten bis 2100 m ü. NN.

Lebensweise: Tagsüber verstecken sich die Tiere in Erdhöhlen oder unter hohl liegenden Steinen. Männchen bekämpfen sich untereinander und beanspruchen ein kleines Revier.

Terrarium: Wüstenterrarium.

Einrichtung: Lehm-Sand-Gemisch als Bodengrund. Kunsthöhle als Versteckmöglichkeit. Schale mit lockerem Erde-Sand-Gemisch als Eiablageplatz immer leicht feucht halten.

Temperaturen: tagsüber 28–32 °C, nachts 20–22 °C.

Futter: Grillen, Heimchen, Raupen der Wachsmotte, Heuschrecken und andere Insekten.

Haltung: Am besten hält man 1 Männchen mit 2–3 Weibchen. Täglich ist leicht zu sprühen. Eine flache Wasserschale wird zum Trinken hin und wieder aufgesucht. Ab September sollte man kontinuierlich bis zum Winter die Beleuchtungsdauer von täglich 12–14 auf 6–8 Stunden reduzieren und die Temperatur auf etwa 15 °C verringern. Diese veränderten Bedingungen werden dann für ca. 3–4 Wochen eingehalten. Anschließend geraten die Tiere oft in Paarungsstimmung.

Zucht: Das Männchen umwirbt das Weibchen, und bald kommt es zur Paarung. Das Weibchen legt zwei weichschalige Eier in die Schale mit lockerer, leicht feuchter Erde, wenn die Umgebungstemperatur etwa 26–30 °C aufweist. Im Laufe eines Sommers sind 2–3 Eiablagen möglich. Die Eier bringt man am besten

Afrikanischer Krallengecko (Hemitheconyx caudicinctus)

in einen Brutbehälter und bebrütet sie bei hoher Luftfeuchtigkeit und Temperaturen zwischen 26 und 31 °C. Je nach Temperatur schlüpfen die Jungen nach 39 – 62 Tagen.

Aufzucht: Die 7,0 – 8,5 cm langen Jungtiere besitzen dunkelbraune Querbinden auf dem Rücken und sind mit kleinem Lebendfutter in gesonderten Terrarien aufzuziehen.

Ähnlich zu haltende Art

- Krallengecko *(Hemitheconyx caudicinctus, Abb. s. S. 111):* bis 20 cm, paarweise halten.

Rotkehlanolis
(Anolis carolinensis)

Aussehen: bis etwa 20 cm. Die langschnäuzigen Echsen sind meist grün, können aber auch braun gefärbt sein. Erheblicher Farbwechsel möglich. Die Männchen haben eine rötliche Kehlfahne und werden etwas kräftiger.

Verbreitung: SO-USA, Bahamas.

Lebensraum: Kulturlandschaften, auch offene und dicht bewachsene Landschaften. Häufig in niedrigen Büschen und Sträuchern.

Lebensweise: Bei Erregung spreizen die Männchen oft ihre rote, weinrote oder violette Kehlfahne. Meist gehen die Anolis erst gegen Mittag auf Insektenjagd. Die Männchen beziehen eine erhobene Position, von der sie ihr Umfeld überblicken können. Beim Anblick eines Weibchens nicken sie oft mit dem Kopf und zeigen eine entfaltete Kehlfahne.

Terrarium: hohes Regenwaldterrarium.

Einrichtung: Bodendecker, Solitärpflanze, zahlreiche Kletteräste, evtl. Epiphytenstamm. Wärmestrahler erforderlich.

Lufttemperatur: 25 – 30 °C.

Futter: vor allem fliegende Insekten, aber auch kleine Grillen, Heimchen.

Haltung: Man hält möglichst 1 Männchen mit 2 – 3 Weibchen. Die kleinen Leguane halten sich oft im oberen Terrarienbereich auf. Man füttert sie am frühen Nachmittag, damit sie genügend Zeit für die Jagd nach Insekten haben. Gegen Abend ist zu sprühen, und die Temperatur kann dann auf etwa 20 °C gesenkt werden.

Zucht: Im Laufe eines Jahres legen die Weibchen mehrmals Eier, wobei ein Gelege jeweils aus 1 – 2 Eiern besteht. Obwohl die Eier sich auch im Terrarium der Eltern entwickeln können, sollte man sie vorsichtshalber lieber in einen Brutbehälter überführen und bei Temperaturen um 25 °C und hoher Luftfeuchtigkeit bebrüten. Die Jungen schlüpfen nach ca. 2 Monaten.

Dickkopfanolis (Anolis cybotes) bei der Paarung (Abb. links), Anolis distichus (Abb. rechts)

Aufzucht: Jungtiere zieht man am besten in einem kleinen Terrarium unter den gleichen Bedingungen wie die Elterntiere auf. Als Behälter genügen auch schon durchsichtige 1-Liter-Kunststoffdosen, die man an der Seite mit kleinen Lüftungslöchern versieht und oben mit Gaze abdeckt. Als Nahrung dienen kleine Insekten, die man mit Vitaminen und Mineralstoffen anreichert.

Ähnlich zu haltende Arten

- *Anolis allisoni:* 18–22 cm, spitzköpfig.
- *Anolis distichus, s. Abb. oben rechts:* bis 20 cm lang, meist an Bäumen.
- *Anolis porcatus:* bis 21 cm, ähnelt A. carolinensis.
- Dickkopfanolis *(Anolis cybotes, Abb. s. S. 31 u. oben links):* bis 11 cm, sehr anpassungsfähig.
- Ritteranolis *(Anolis equestris, Abb. s. S. 114):* 45–55 cm. Die Art benötigt große Terrarien, frisst gelegentlich auch Obst.
- Kubaanolis *[Anolis sagrei, Abb. s. S. 88 (Männchen in Drohstellung), S. 114 (Weibchen)]:* bis 17 cm, hält sich viel am Boden und auf Büschen auf.

Rollschwanzleguan
(Leiocephalus carinatus)

Abbildung siehe Seite 79

Aussehen: bis 25 cm. Auf der graugrünen bis graubraunen Grundfärbung einige helle Flecken, die in undeutliche Querbänder übergehen. Männchen tragen während der Fortpflanzungszeit einige dunkle Bänder an Hals und Nacken.

Verbreitung: Kuba.

Lebensraum: küstennahe Gebiete, in Strandnähe, am Fuß von Bäumen und Felsen.

Lebensweise: Bodenbewohner, die bei Gefahr auf Bäume oder Felsen klettern. Weibchen legen in einer Saison bis zu 5 Gelege mit je 3–6 Eiern.

Terrarien: Savannenterrarium mit großer Grundfläche.

Einrichtung: kleiner Felsaufbau.

Temperatur: 25–30 °C, lokal 35–40 °C.

Futter: Insekten, Regenwürmer.

Haltung: paarweise. Morgens leicht sprühen und gegen Mittag sparsam füttern. Nachts Temperatur auf 18–20 °C sinken lassen. Zuvor graben sich die Echsen in den feuchten Bodengrund ein.

Zucht: Etwa für 4–6 Wochen Beleuchtung und Heizung ausgeschaltet lassen. Die Temperaturen sollten auf 18–20 °C sinken. Nach dieser Ruhephase können die Echsen in Paarungsstimmung geraten. Das Weibchen gräbt einige Wochen nach der Paarung einen Gang in den feuchten Bodengrund. An dessen Ende legt es die Eier und scharrt anschließend den Gang wieder zu. Die Eier sollten in einen Brutbehälter überführt werden. Bei Temperaturen von 27–30 °C schlüpfen nach 50–60 Tagen die Jungen.

Kubaanolis-Weibchen (Anolis sagrei, Abb. links), Ritteranolis (Anolis equestris, Abb. rechts)

Aufzucht: am besten einzeln in kleinen Terrarien. Die Jungtiere fressen kleine Insekten, die man regelmäßig mit Kalk- und Vitamingaben anreichert.

Ähnlich zu haltende Arten

- Erdleguan *(Liolaemus pictus):* bis 20 cm, Weibchen gebären bis zu 12 Jungtiere.
- Halsbandleguan *(Crotyphytus collaris):* bis 35 cm, wärmeliebend. Weibchen kleiner als Männchen und nach erfolgreicher Paarung mit einigen roten Flecken an den Flanken. Bis zu 3 Gelege sind möglich.
- Haiti Erdleguan *(Leiocephalus schreibersii, Abb. s. S. 116):* bis 22 cm, mehrere Gelege pro Jahr möglich.
- Maskenleguan *(Leiocephalus personatus):* bis 25 cm, 4–8 Eier, bei 27–28 °C schlüpfen Jungtiere nach 60–70 Tagen.

Koratskink
(Riopa koratense)

Aussehen: bis 20 cm. Der walzenförmige Körper ist bräunlich bis rötlich-violett und an den Seiten häufig gelblich-grün, die Unterseite ist weiß. Die Männchen sind kräftiger gebaut als die Weibchen.
Verbreitung: Thailand.
Lebensraum: steppenartige Bereiche, niedrige Kalksteinberge.
Lebensweise: Die Skinke leben versteckt unter Steinen oder in Gängen, die sie in den feuchten Bodengrund graben.

Koratskink (Riopa koratense)

Für die Eiablage gräbt das Weibchen des Haiti-Erdleguans eine Höhle unter einem Stein. Die Eier legt es ans Ende des unterirdischen Ganges und scharrt anschließend – deutlich schlanker geworden – mit Vorder- und Hinterbeinen Sand über den Höhleneingang

Terrarium: Savannenterrarium.

Einrichtung: Bodengrund Erde-Torfmoos-Gemisch, kein Sand. Zentraler flacher Stein, eine Terrarienhälfte mit Bodenheizung.

Temperaturen: 26–28 °C, lokal 35 °C, Boden: 25 °C

Futter: Grillen, Heimchen, kleine Regenwürmer und auch Nacktschnecken.

Haltung: Einzelgänger, die man nur paarweise halten kann. Die Tiere führen am Anfang ein sehr verstecktes Leben, vorwiegend unterirdisch. Nach der Eingewöhnungszeit kommen sie aber gegen Morgen und Abend heraus, um nach Futter zu suchen.

Zucht: Bei guter Pflege kommt es auch zu Paarungen. Das Weibchen legt pro Gelege meist 3 Eier an einefeuchtwarme Stelle. Bebrütet man sie bei etwa 28 °C und 90 % Luftfeuchtigkeit, schlüpfen nach ungefähr 8 Wochen die Jungtiere.

Aufzucht: Die Jungtiere sollten in kleinen Terrarien aufgezogen werden. Sie verzehren kleine Insekten und Regenwürmer. Vor allem Rotwürmer sind ein gutes Aufzuchtfutter. Die Jungtiere färben sich erst nach 2 Jahren um, vorher sind sie heller gefärbt.

Ähnlich zu haltende Arten

- Blauschwanzskink *(Mabuya quinquetaeniata):* 25–30 cm, klettert gerne auf Ästen und Wurzeln. Ein Gelege kann 11 Eier umfassen.
- Fünfstreifenskink *(Eumeces fasciatus):* 20–25 cm, Bodenbewohner, der aber auch gerne klettert. Pro Gelege 4–15 Eier.
- Streifenskink *(Mabuya striata):* bis 22 cm, klettert gerne. Lebendgebärend, 3–9 Junge pro Wurf.

Schlangen (Serpentes)

Schlangen sind in den gemäßigten und wärmeren Zonen der Erde verbreitet. Unter ihnen gibt es ökologisch außerordentlich anpassungsfähige Arten, die sehr verschiedenartige Lebensräume bewohnen, aber auch hochspezialisierte Formen. Neben vielen boden- und baumbewohnenden, gibt es auch unterirdisch lebende Schlangen und solche, die streng an Gewässer gebunden sind. Gleichzeitig unterscheidet man tagaktive und nachtaktive Arten, aber auch giftige und ungiftige.

Schlangen verzehren nur tierische Kost, und sehr oft gehören lebende Tiere zu ihrem Nahrungsspektrum. Für Neueinsteiger kommen lediglich ungiftige, tagaktive Arten in Frage, da sie gewöhnlich leichter zu halten und pflegen sind. Obwohl es auch unter den Schlangen einige lebendgebärende Arten gibt, legen die meisten von ihnen Eier, die in feuchtwarmer Umgebung zur Entwicklung kommen. Es gibt sogar Arten, die intensive Brutpflege betreiben. Bei artgerechter Haltung kann man durchaus auch im Terrarium mit einer erfolgreichen Nachzucht rechnen.

Strumpfbandnatter
(Thamnophis sirtalis)

Abbildung siehe Seite 87

Aussehen: bis 125 cm. Körper schlank, Färbung und Zeichnung sehr unterschiedlich. Es können vorwiegend Streifen oder Flecken vorhanden sein. Kopf setzt sich nur leicht vom Körper ab. Pupillen rund. Rücken kann schwarz, dunkelbraun, grün, olivfarben oder gelb-

Butler's Strumpfbandnatter (Thamnophis butleri)

lich sein. Vom Kopf zum Schwanz ziehen eine Rückenlinie und 2 Seitenstreifen. Die Streifen können gelblich, bräunlich, grünlich oder bläulich sein. Es gibt zahlreiche Unterarten, darunter auch welche mit schöner rötlicher Zeichnung. Die Männchen bleiben kleiner als die Weibchen.

Verbreitung: S-Kanada über Nordamerika bis N-Mexiko.

Lebensraum: vor allem Feuchtgebiete.

Lebensweise: tagaktiv. Die Nattern lieben Sonnenbäder.

Terrarium: Sumpfterrarium (Zimmer und Freiluft).

Einrichtung: kleiner Wärmestrahler über dem Landteil und eine hohl liegende Wurzel als Versteckmöglichkeit.

Temperaturen: Luft: 26–30 °C, Wasser: 25 °C.

Futter: Regenwürmer, kleine Fische, Fischstreifen, rohe Rindfleisch-Bällchen.

Haltung: Die Männchen sollten in der Überzahl sein. Die Tiere sind sehr robust und genügsam. Sie erscheinen nach Einschalten des Strahlers, gehen mittags auf Nahrungssuche und sollten dann Futter vorfinden: lebende Fische im Wasserteil, übrige Nahrung auf dem

Gebänderte Wassernatter (Nerodia fasciata)

Landteil. Im Winter sollten sie eine 2–3 monatige Ruhephase bei 5–8 °C einlegen.

Zucht: Nach der Winterruhe werden die Männchen 2–3 Wochen früher als die Weibchen aktiv. Bald kommen die Tiere in Paarungsstimmung. War die Paarung erfolgreich, gebärt das Weibchen 14–40 Junge.

Aufzucht: in kleinen Gruppen von 3–4 Tieren. In 2 Jahren können die Schlangen bereits eine Länge von 70 cm erreichen.

Ähnlich zu haltende Arten

- Butlers Strumpfbandnatter *(Thamnophis butleri, Abb. s. S. 118):* bis 69 cm, lebendgebärend, 4–16 Jungtiere.
- Gebänderte Wassernatter *(Nerodia fasciata):* bis 160 cm, Kletteräste erforderlich, lebendgebärend, bis 57 Jungtiere.

Kapitel 6

Gesetze für den Terrarianer

Das zunehmende Verschwinden von zahlreichen Pflanzen- und Tierarten von unserer Erde ist vor allem darauf zurückzuführen, dass ihre Lebensräume zerstört wurden und werden. Verursacher ist in erster Linie der Mensch. Viele Arten sind in ihrem Bestand gefährdet, und die Liste der vom Aussterben bedrohten Tier- und Pflanzenarten wird jährlich länger. Um diesem Artenschwund zu begegnen, wurden in der Vergangenheit einige internationale und nationale Gesetze und Verordnungen erlassen:
Am 3. März 1973 wurde in den USA das Washingtoner Artenschutzübereinkommen (WA) vereinbart und bei der UNO registriert. Es regelt den internationalen Handel mit gefährdeten Arten freilebender Pflanzen und Tiere. Dabei wurden die Arten nach ihrem Gefährdungsgrad in 2 Anhänge gefasst. Anhang I beinhaltet alle unmittelbar von der Ausrottung bedrohten Arten. Der Handel mit diesen Tieren ist nur in Ausnahmefällen zugelassen. Anhang II enthält alle Arten, die heute zwar noch nicht direkt vom Aussterben bedroht sind, jedoch durch einen unkontrollierten Handel in ihrer Existenz bedroht würden.

Wichtiger Hinweis:
Tiere, die im Washingtoner Artenschutzübereinkommen aufgeführt sind, dürfen nur mit den notwendigen Papieren (CITES-Bescheinigung) gehandelt werden.

In der Bundesrepublik Deutschland gelten neben dem WA noch weitere auch für Terrarianer wichtige Artenschutz-Gesetze bzw. Verordnungen:

- das Bundesnaturschutzgesetz (BNatSchG),
- die Bundesartenschutzverordnung (BArtSchV),
- die Verordnung der Europäischen Gemeinschaft (EG 338/97).

Bei der letzteren handelt es sich um die aktualisierte Fassung der Verordnung EWG 3626/82, die bis zum 30. Mai 1997 Gültigkeit hatte. Die Verordnung wurde überarbeitet, um den Erfordernissen des europäischen Binnenmarktes gerecht zu werden. Die neue Regelung setzt das Washingtoner Artenschutzübereinkommen und weitere europäi-

Chamäleons, hier das Lappenchamäleon (Chamaeleo dilepis), sind Einzelgänger und müssen daher außerhalb der Fortpflanzungszeit alleine gehalten werden. Sie eignen sich nicht für Einsteiger

sche Schutzbestimmungen um und regelt einheitlich für alle EU-Länder die Ein- und Ausfuhr sowie Vermarktung der entsprechenden Pflanzen- und Tierarten. Dabei wurde es auch erforderlich, das BNatSchG und die BArtSchV zu überarbeiten und der neuen EG-Verordnung anzupassen.

Tiere, die in den verschiedenen Verordnungen aufgeführt sind – es gibt ebenfalls unterschiedliche Anhänge hierzu – darf man nur mit der jeweiligen Ausnahmegenehmigung halten oder handeln. Auch die Formalitäten, die beim Erwerb, der Haltung, Zucht und Weitergabe von Amphibien und Reptilien zu beachten sind, werden durch die aufgeführten Verordnungen geregelt. Dabei gelten die Bestimmungen nicht nur für Terriarianer, sondern auch für Händler und wissenschaftliche Einrichtungen!

Die für den Artenschutz zuständigen Behörden sind die jeweiligen Landschaftsbehörden der Kreise und kreisfreien Städte. Sie stellen nicht nur die notwendigen Bescheinigungen (CITES etc.) aus, sondern informieren auch über die aktuellen Rechtsbestimmungen. Man sollte daher als Terrarianer mit der zuständigen Behörde Kontakt aufnehmen und dort klären, ob es sich bei den gewünschten Arten um solche handelt, die in den erwähnten Bestimmungen aufgeführt sind. Gleichzeitig können dann auch die nötigen Formalitäten abgesprochen und geklärt werden.

Wichtiger Hinweis:

Es sollte für jeden Terrarianer selbstverständlich sein, dass er seine Tiere artgerecht hält und pflegt, unabhängig davon, ob sie aufgrund irgendwelcher Gesetze geschützt sind oder nicht. Wer dem zuwiderhandelt, kann mit dem Tierschutzgesetz (TSchG) in Konflikt kommen!

Anhang

Wichtige Adressen

Deutschland

Deutsche Gesellschaft für Herpetologie und Terrarienkunde (DGHT) e.V.
DGHT-Geschäftsstelle
Postfach 1421, Locher Straße 18
D-53351 Rheinbach (Briefpost) und
D-53359 Rheinbach (Büroanschrift)

DGHT-Arbeitsgemeinschaft Amphibien- und Reptilienkrankheiten
Ingo Pauler
Im Sandgarten 4
D-67157 Wachenheim

DGHT-Arbeitsgemeinschaft Anuren (Froschlurche)
Dr. Jürgen Beutelschiess
Fritz-Schnelbögl-Str. 9
D-91220 Schnaittach

DGHT-Arbeitsgemeinschaft Chamäleons
Wolfgang Schmidt
Isenacker 4
D-59494 Soest

DGHT-Arbeitsgemeinschaft Echsen
Axel Fläschendräger
Botanischer Garten der MLU
Am Kirchtor 3
D-06108 Halle/Saale

DGHT-Arbeitsgemeinschaft Lacertiden
Wolfgang Bischoff
Museum Alexander Koenig
Adenauerallee 160
D-53113 Bonn

DGHT-Arbeitsgemeinschaft Schildkröten und Panzerechsen
Herrmann Tippmann
Berliner Str. 52
D-80805 München

DGHT-Arbeitsgemeinschaft Schlangen
Dr. Klaus Kühnemann
Mahlsdorfer Allee 21
D-12625 Waldesruh

DGHT-Arbeitsgemeinschaft Urodela (Schwanzlurche)
Dr. Jürgen Fleck
Pfarrer-Hufnagel-Str. 23
D-63454 Hanau

DGHT-Arbeitsgemeinschaft Warane und Krustenechsen
Prof. Dr. Hans-Georg Horn
Hasslingshauser Str. 51
D-45549 Sprockhövel

Österreich

Schildkrötenfreunde Österreichs Verein für Schildkrötenforschung und Terraristik
Dr. Harald Artner
Neidling 34
A-3100 St. Pölten

Herpetologische terraristische Vereinigung Österreich (HTVÖ)
Erich Brabenetz
Portheimg. 1 RH 75
1220 A-Wien

Österreichische Gesellschaft für Herpetologie
Naturhistorisches Museum
Burgring 7
A-1014 Wien

Schweiz

DGHT-Stadtgruppe Basel
Hans Hersche
Postfach 13
CH-4463 Buus

DGHT-Stadtgruppe Bern
Reto Siegenthaler
Hessstr. 18
CH-3097 Liebefeld

DGHT-Landesgruppe Schweiz
A. Ochsenbein
Bündtenstr. 15
CH-4104 Oberwil

Literatur

Bücher

Bech, R. & Kaden, U.:
Echsen.
Urania, Leipzig-Jena-Berlin 1990

Friedrich, U. & Volland, W.:
Futtertierzucht.
Ulmer, Stuttgart 1992

Henkel, F. W. & Schmidt, W.:
Geckos.
Ulmer, Stuttgart 1991

Henkel, F. W. & Heinecke, S.:
Chamäleons im Terrarium.
Landbuch, Hannover 1993

Masurat, G. & GROSSE, W. R.:
Lurche.
Urania, Leipzig-Jena-Berlin 1991

Rogner, M.:
Echsen 1.
Ulmer, Stuttgart 1992

Rogner, M.:
Echsen 2.
Ulmer, Stuttgart 1994

Rogner, M.:
Schildkröten 1.
heiro, Hürtgenwald 1995

Rogner, M.:
Schildkröten 2.
heiro, Hürtgenwald 1996

Schmidt, D.:
Schlangen.
Urania, Leipzig-Jena-Berlin 1990

Schmidt, W. & Henkel, F. W.:
Leguane.
Ulmer, Stuttgart, 1995

Schulte, R.:
Frösche und Kröten.
Ulmer, Stuttgart 1980

Trutnau, L.:
Schlangen 1.
Ulmer, Stuttgart 1988

Trutnau, L.:
Schlangen 2.
Ulmer, Stuttgart 1990

Fachzeitschriften

elaphe. (Neue Folge) Zeitschrift der Deutschen Gesellschaft für Herpetologie und Terrarienkunde (DGHT) e.V.

herpetofauna. Zeitschrift für
Amphibien- und Reptilienkunde
Postfach 1110
D-71365 Weinstadt

Salamandra. Zeitschrift für
Herpetologie und Terrarienkunde.
Hrsg.: Deutsche Gesellschaft für
Herpetologie und Terrarienkunde
(DGHT) e.V.

SAURIA
Hrsg.: Terrariengemeinschaft Berlin e.V.
Redaktion: Barbara Buhle
Planetenstr. 45
D-12057 Berlin

Register

Bei *kursiver* Schreibweise handelt es sich um wissenschaftliche Namen. **Halbfette** Seitenzahlen verweisen auf eine ausführliche Erläuterung des Begriffs, *kursive* Seitenzahlen verweisen auf Abbildungen.

Im FALKEN Verlag sind bereits zahlreiche Tierbücher erschienen. Fragen Sie Ihren Buchhändler.

Titelfoto: Erdbeerfrosch *(Dendrobates pumilio)*
Foto Seite 1: Burma-Korkodilmolch *(Tylototriton verrucosus)*
Foto Seite 2/3: Krallenfrosch *(Xenopus laevis)*
Foto Umschlagrückseite: Rollschwanzleguan *(Leiocephalus carinatus)*

Dieses Buch wurde auf chlorfrei gebleichtem und säurefreiem Papier gedruckt.

Der Text dieses Buches entspricht den Regeln der neuen deutschen Rechtschreibung.

Die Deutsche Bibliothek – CIP-Einheitsaufnahme

Terrarium : Einrichtung, Tiere, Pflanzen / Werner Ullrich. –
Niedernhausen/Ts. : FALKEN, 1997
ISBN 3-8068-7313-5

ISBN 3 8068 7313 5

Umschlaggestaltung: Peter Udo Pinzer
Layout: Ilse Stockmann-Sauer, AS-Design, Offenbach
Redaktion: Petra Volkmar
Herstellung: Grafik-Design Reckels & Schneider-Reckels, Wiesbaden; Petra Zimmer
Titelbild u. Umschlagrückseite: Bildagentur heiro, Hürtgenwald
Fotos: Dr. Rudolf König, Kiel: S. 97, 102; alle anderen Fotos: **Bildagentur heiro,** Hürtgenwald
Zeichnungen: Manfred Lindner, Mainz: S. 20, 22, 23, 25, 53–56, 60, 61;
die übrigen Zeichnungen: Axel Weiß, Obernbreit

Satz: Grafik-Design Reckels & Schneider-Reckels, Wiesbaden
Gesamtkonzeption: FALKEN Verlag, D-65527 Niedernhausen/Ts.

817 2635 4453 6271